国家社科基金项目成果 *经管* 文库

Measuring R&D Capital: Theory and Applications

R&D资本测度的逻辑：
理论与应用

朱发仓／著

中国财经出版传媒集团
经济科学出版社
Economic Science Press

图书在版编目（CIP）数据

R&D 资本测度的逻辑：理论与应用/朱发仓著.
—北京：经济科学出版社，2018.12
（国家社科基金项目成果经管文库）
ISBN 978 – 7 – 5141 – 9897 – 3

Ⅰ.①R…　Ⅱ.①朱…　Ⅲ.①清产核资 – 研究
Ⅳ.①F231.3

中国版本图书馆 CIP 数据核字（2018）第 246172 号

责任编辑：崔新艳
责任校对：王肖楠
版式设计：齐　杰
责任印制：王世伟

R&D 资本测度的逻辑：理论与应用
朱发仓　著
经济科学出版社出版、发行　新华书店经销
社址：北京市海淀区阜成路甲 28 号　邮编：100142
经管中心电话：010 – 88191335　发行部电话：010 – 88191522
网址：www.esp.com.cn
电子邮件：espcxy@126.com
天猫网店：经济科学出版社旗舰店
网址：http://jjkxcbs.tmall.com
北京季蜂印刷有限公司印装
710×1000　16 开　13.75 印张　250000 字
2018 年 12 月第 1 版　2018 年 12 月第 1 次印刷
ISBN 978 – 7 – 5141 – 9897 – 3　定价：52.00 元
（图书出现印装问题，本社负责调换。电话：010 – 88191510）
（版权所有　侵权必究　打击盗版　举报热线：010 – 88191661
QQ：2242791300　营销中心电话：010 – 88191537
电子邮箱：dbts@esp.com.cn）

国家社科基金项目成果经管文库
出版说明

我社自 1983 年建社以来一直重视集纳国内外优秀学术成果予以出版。诞生于改革开放发轫时期的经济科学出版社，天然地与改革开放脉搏相通，天然地具有密切关注经济领域前沿成果、倾心展示学界翘楚深刻思想的基因。

2018 年恰逢改革开放 40 周年，40 年中，我国不仅在经济建设领域取得了举世瞩目的成就，而且在经济学、管理学相关研究领域也有了长足发展。国家社会科学基金项目无疑在引领各学科向纵深研究方面起到重要作用。国家社会科学基金项目自 1991 年设立以来，不断征集、遴选优秀的前瞻性课题予以资助，我社出版了其中经济学科相关的诸多成果，但这些成果过去仅以单行本出版发行，难见系统。为更加体系化地展示经济、管理学界多年来躬耕的成果，在改革开放 40 周年之际，我们推出"国家社科基金项目成果经管文库"，将组织一批国家社科基金经济类、管理类及其他相关或交叉学科的成果纳入，以期各成果相得益彰，蔚为大观，既有利于学科成果积累传承，又有利于研究者研读查考。

2018 年，本书库中的两种图书已经与读者见面了，今后将有更多的研究成果陆续面世，欢迎相关领域研究者的成果在此文库中呈现，亦仰赖学界前辈、专家学者大力推荐，并敬请经济学界、管理学界给予我们批评、建议，帮助我们出好这套文库。

经济科学出版社经管编辑中心

2018 年 12 月

本专著系国家社会科学基金项目"R&D 资本存量核算理论及应用研究"（15BTJ004）的成果；并受浙江省一流学科浙江工商大学统计学资助。

前言

Preface

放眼世界，不管东方还是西方，也不管发达国家还是发展中国家，创新，特别是研究开发的作用越来越重要。OECD（经济合作与发展组织，简称经合组织）的官方数据显示，近年来 OECD 国家 R&D（research and development，研究与开发，简称"研发"）投入大幅增长，R&D 内部支出从 1981 年的 3584.9 亿美元上升到 2016 年的 11445.1 亿美元，年均增长 3.4%，R&D 相当于 GDP 之比由 1981 年的 1.836% 上升到 2016 年的 2.337%。经济学家们的研究也证明了研发是推动技术进步，促进生产率增长的重要源泉（Romer，1986；Griliches，1998；et al.）。各种证据都证明了改革开放总设计师邓小平同志的那句话：科学技术是第一生产力。

研究开发的投资属性越来越明显，但是在相当长一段时间内，联合国等国际机构发布的国民账户体系一直将 R&D 视为最终消费或中间消耗，并没有作为投资，我国也是如此。作为快速发展的国家，R&D 投资在经济增长中扮演了极为重要的角色。在创新发展战略的引领下，以新产业、新业态、新模式为核心的新兴经济迅速发展，使得在测度这些新兴经济成分、反映创新的经济效果方面，对政府统计提出了新的更高的要求。顺应国际潮流和国内经济发展阶段以及国家管理的需求，国家统计局发布了《中国国民经济核算体系（2016）》，其中就借鉴国际经验，将研发作为知识产权资本的构成项，并于2016 年 7 月首次发布了将 R&D 资本化后的 GDP 调整数据，但遗憾的是未公布 R&D 资本相关数据，还留下 R&D 资本存量、资本消耗、资本服务量等没有解决的问题，此书恰恰弥补了这个缺陷。

本书论述了 R&D 资本化的范围、边界和资本化条件，从服务经济运行和财富储备两个角度，并从"投资—存量—流量"的资本运动全过程视角建立了 R&D 资本测度体系，构建了 R&D 资本卫星账户。我认为该书的贡献表现在四个方面。一是充实了核算内容。本书不仅估算了 R&D 固定资本形成，还首次估计了各执行部门的 R&D 资本存量净额、资本消耗和服务量，进而实现了 R&D 资本运动全流程测度。二是完善了核算技术。本书用有效发明专利持续年限估计 R&D 平均服务寿命，并基于资本核算理论模拟出 R&D 资产组的平均役龄—价格曲线、平均役龄—折旧率曲线和平均役龄—效率曲线，用以估计 R&D 资本存量净额、资本消耗和资本服务量。三是构建了 R&D 资本资产负债表。本书提出了 R&D 资产负债表的表式，既可以静态描述结构变化，又可动态刻画 R&D 资本从期初存量经过期间投资和消耗，变化到期末存量的过程。四是积累了资本核算基础数据，本书共获得了 156 条 R&D 资本的平均役龄—效率曲线、平均役龄—价格曲线和折旧率曲线，这是 R&D 资本核算所必须的基础数据。此外还基于执行部门估计了我国 R&D 固定资本形成总额、资本存量净额、资本消耗和资本服务量，兼顾了总量与结构平衡。

理论来自实践，更要指导实践。朱发仓教授涉猎 R&D 的研究始于 2007 年其参与的科技统计事务，这使他有机会了解企业研究开发过程，特别是深入企业了解各行各业的研发活动特点。其间，他参与起草指导企业科技项目会计核算的规范性文件。他能够从实践中总结经验，顺应国家核算体系中 R&D 统计核算改革的潮流，提出改进的方向，再进一步指导各地企业、统计部门和科技部门的统计实践工作，作为老师，我为此深感欣慰。此书是朱发仓教授的国家社科基金项目研究成果，今得知此书出版，我很高兴为之作序，并与各位分享。

苏为华

2018 年 12 月于杭州

目 录
Contents

第一章 引 言

R&D（Research and Development）即研究与开发（简称"研发"），在现代经济中扮演着越来越重要的角色，经济学家们也已经从理论上和实证上证明研发是驱动长期经济增长的源泉。各种类型的主体（特别是企业）日益加大对 R&D 活动的投入。根据 OECD 公布的主要科技指标，[①] 以当年价格计量以及 PPPs 换算，2005～2015 年 OECD 国家 R&D 内部支出年均增长 4.0%，R&D 强度（R&D/GDP）由 2005 年的 2.15% 提高到 2015 年的 2.403%，同期中国 R&D 内部支出年均增长 16.2%，R&D 强度由 1.31% 提高至 2.07%。各单位都从 R&D 活动中获得了巨大的收益，许多国家和地区都将科技政策作为促进本地发展的优先措施，这反过来进一步刺激了企业加大研发投入。

改革开放以来，我国经济快速发展，国力不断增强，但资源环境对经济增长的约束不断强化和人口年龄结构变化导致劳动力供给减少等问题日益突出。在资源环境红利和人口红利减少的情况下，依靠技术进步提高劳动生产率和资本、资源使用效率具有非常重要的现实意义。而研发是推动技术进步的主要方式，故重新审视研发的资本属性，实施以资本形成计入 GDP 的核算方法改革，具有重要的导向和激励作用，有利于引导政府、企业、科研机构和高等院校加大研发投入力度，从而推动技术进步，使其在经济发展和提质增效中发挥更加重要的驱动作用。

从国家管理需求上，2013 年党的十八届三中全会通过的《中共中央关于全面深化改革若干重大问题的决定》明确提出"加快建设创新型国家"，[②] 党中央、国务院于 2016 年 5 月 19 日印发的《国家创新驱动发展战略纲要》明确

---

① OECD (2017), Main Science and Technology Indicators, Volume 2016 Issue 2, OECD Publishing, Paris. DOI：http://dx.doi.org/10.1787/msti-v2016-2-en.

② 参见中共中央（2013）《关于全面深化改革若干重大问题的决定》中的第一部分：全面深化改革的重大意义和指导思想。

将科技创新摆在国家发展全局的核心位置，① 党的十九大也明确提出创新是引领发展的第一动力。在这种创新发展理念和创新发展战略的引领下，各种创新主体不断加大研发投入力度，新的科研成果不断涌现，以新产业、新业态、新模式为核心的新兴经济迅速发展，新动能不断积累。为管理社会经济发展中出现的这些新情况，2015 年 3 月，中共中央国务院在《关于深化体制机制改革加快实施创新驱动发展战略的若干意见》中特别指出，要改进和完善国内生产总值核算方法，体现创新的经济价值，② 这对政府统计提出了新要求。

从国际标准改进和各国实践上来看，20 世纪 90 年代以来，世界各国尤其是西方发达国家的研发支出快速增长，对经济增长发挥着越来越大的作用，研发成果的固定资产属性越来越明显。经济学家们也在理论上证明了研发是推动技术进步、促进生产率增长的重要源泉。但是长期以来，国民账户一直将 R&D 视为最终消费或中间消耗，并未看成投资，为弥补此不足，切实反映 R&D 活动的成效，OECD 成立了由纳丁姆（Ahmad Nadim）为组长的 Canberra Ⅱ工作组，研究非金融资本核算，新修订的《国民账户体系 2008》（*System of National Accounts* 2008，简称"2008 年 SNA"）和《欧洲国家和地区账户体系 2010》均吸纳其研究成果，倡议将 R&D 视为投资。2010 年，OECD 发布了《知识产权产品资本测度手册》（*Handbook on Deriving Capital Measures of Intellectual Property Products*），指导各国核算 R&D 及其他知识产权产品的固定资本形成。截至 2015 年年底，已有 39 个国家按照 2008 年 SNA 的建议，实施了研发支出核算方法改革。

实际上国家统计局一直以来非常重视对统计制度的改进和完善，2017 年 8 月获得国务院批复的《中国国民经济核算体系（2016）》（简称"2016 年 CSNA"）则体现了最新的研究成果。在 2016 年 CSNA 中，引入知识产权资本的概念，将研发作为子项，关于研发支出核算方法的改革主要体现在三个方面：研发产出核算、研发资本存量核算和研发支出计入 GDP 核算。对照党的十八届三中全会通过的《中共中央关于全面深化改革若干重大问题的决定》中对编制全国和地方资产负债表的要求，以及《国家创新驱动发展战略纲要》中完善国民经济核算体系的要求，将 2016 年 CSNA 中研发资本核算与 2008 年 SNA 及西方发达国家的研发资本核算实践相比，可发现尚存在不足之处。一是指标概念上存在偏差。由于未考虑研发产品的进口和出口，故 2016 年 CSNA 仅涉及研发

---

① 参见中共中央国务院（2016）《国家创新驱动发展战略纲要》中的第一部分。
② 参见中共中央国务院（2015）《关于深化体制机制改革加快实施创新驱动发展战略的若干意见》中的第二十八条：完善创新驱动导向评价体系。

产出，而不是国际标准的研发固定资本形成总额。二是估计研发产出时未严格按照总成本法执行，表现为研发产品价值不包括资本回报。三是以研发产出为基础而不是以研发固定资本形成为基础计算研发资本存量。四是仅估计研发资本存量总额，未计算研发资本存量净额和资本消耗，无法准确反映研发资本财富。五是未涉及研发资本服务量。

　　针对这些不足之处，本书在内容上将按照资本流量（资本投入）—存量（资本积累）—服务量（资本服务）的资本流动链条，从收入/财富、生产/生产率两个角度建立包括研发产出、研发固定资本形成、研发资本存量净额、研发资本消耗、研发资本服务量指数的研发资本测度指标体系；在技术上，以 R&D 内部支出为起点估计 R&D 固定资本形成，构建以 R&D 平均役龄—价格曲线估计 R&D 资本存量净额（价值量）、以 R&D 平均役龄—折旧率曲线估计资本消耗（价值量）、以 R&D 平均役龄—效率曲线估计生产性资本存量和服务量（物量）的核算方法体系，并在统一框架内同时估计全国及各地区、各执行部门、工业各行业的 R&D 资本测度结果。

第一节　R&D 资本化确认的历程

　　尽管已经认识到 R&D 的本质属于投资，但是 1993 年 SNA 仍延续了 1968 年 SNA 年的做法，将 R&D 核算为中间消耗，并没有作为资本处理，第 6.163 段是这样解释的："R&D 是为了提高效率、生产率或者能产生未来收益而进行的，因此本质上是投资，而不是消耗类型的活动。然而，其他的活动，比如员工培训，市场研究或者环境保护，可能有类似的特征。为了将这些类型的活动归为投资类型，需要清晰的标准将之与其他的活动区分开，以便能将产生的资产识别出和归类，能在经济学意义下估计资产的价值和其随着时间折旧的比率。实践中很难满足所有的这些要求，因此，根据惯例，所有 R&D 的产出、员工培训、市场研究和类似的活动都作为和中间投入一样的消耗，尽管他们中的大部分能够带来未来利益。"安哈瑞森（Anne Harrison，2002）指出，"在1993 年 SNA 准备期间，已经做出决定要将 R&D 产出方面的支出作为资本形成。只是后来考虑到资产的边界划到什么地方的问题，使得这个决定没有进行下去"，表现在 1993 年 SNA 上就是 R&D 活动并不能创造生产资产，而是将之视为非生产资产，称为"专利实体"（patented entities）。但是，1993 年 SNA 的改进在于将使用专利实体获得的相关收入从财产性收入（property income）转换到服务的销售和使用。这样，就产生了一个矛盾：将专利权实体视为非生产资产，而将专利使用费支出视为对服务的支付，也就是说，非生产资产会产生服务。

虽然 1993 年 SNA 中 R&D 被作为中间消耗，但仍认为不应将 R&D 视为附属活动，应确认为次要活动，并指出了精确测度 R&D 活动的重要性：当 R&D 在企业内部大规模开展时，应当设立单独的部门（1993 年 SNA 第 6.164 段）。然而，大多数情况下 R&D 被作为辅助性活动。另外，高校或者其他高等教育机构的 R&D 活动也没有从教学活动中分离出来，1993 年 SNA 也认为同一人员的时间在两种活动中分配有相当大的困难，教育和科研有时候还会有交叉，这使得很难区分两者，某种情况下仅仅是在概念上区分（1993 年 SNA 第 6.162 段）。所以，大部分 R&D 在国民账户中并没有核算出来。

认识到 1993 年 SNA 存在的缺陷，OECD 成立了专门研究非金融资产核算的工作组，也就是堪培拉 II 组，经过众多专家四年的研究和主要发达国家的实践，所提交的报告为 SNA 修订奠定了基础。2008 年 SNA 首次提出 R&D 具有投资的特征，应将其核算为资本，并且明确将其作为知识产权产品的一部分，列在固定资本下。随后欧洲核算体系 ESA2010 也将 R&D 视为资本。欧盟统计局制定了实施核算体系的时间表，要求各国于 2014 年上报 R&D 资本化后的国民核算数据。

2008 年 SNA 把资产定义为：资产是一种价值储备，代表经济所有者在一定时期内通过持有或使用某实体所产生的一次性或连续性经济利益。它是价值从一个核算期向另一个核算期结转的载体（第 10.8 段）。该定义包含以下含意。第一，一项 R&D 资产的价值是由给其所有者带来的经济利益决定的。这意味着任何其他单位的利益都不包括在该资产的价值中。第二，定义指的是经济所有者而不是法律所有者。大多数情况下，这两者是相同的，但是专利的法律拥有者通过发布许可，可转移经济所有权。第三，资产是把价值从一个核算期结转到另一个核算期的载体。这可以解释为载体是能够预期产生超过一年利益的产品。

在这个资产一般性的定义下，2008 年 SNA 扩展了固定资产的范围，使之涵盖 R&D。所有货物和服务一定会用于出口、消费（中间消耗或最终消费）或者作为资本形成的一部分。在保留在本经济体中的产品中，用于消耗的产品与用于资本形成的产品之间的界限，就是资产界限。2008 年 SNA 指出，固定资产是生产过程中被反复或连续使用一年以上的生产资产。固定资产的显著特征并不在于其具备某种物理意义上的耐用性，而是它可以在超过一年的长时期里反复或连续地用于生产，并特别指出，固定资产还包括在生产中使用的诸如软件或艺术品原件等无形资产（第10.11段）。

2008年SNA吸纳了弗拉斯卡蒂珊（Frascati Manual，FM）关于R&D的定义是：为了增加知识储备（包括有关人类、文化和社会的知识）并利用这种知识储备开发新的应用，系统性地从事创造性工作而支出的价值（2008年SNA第10.103段），不再将R&D作为附属活动看待，而是被资本化为"知识产权产品"，列在"固定资产"下。原来的"专利实体"不再构成SNA的资产，而是把专利权协议看作获准使用R&D的法律协议，将其视为对服务和资产获得的支付来处理。这样的话，就消除了1993年SNA"非生产资产产生服务收入的矛盾"。在资产分类上，生产资产和非生产资产之下不再区分有形资产和无形资产，并对原"无形生产资产"的资产进行了重新归类，改称为更加直观的"知识产权产品"，它包括研究与开发、矿藏勘探与评估、计算机软件与数据库、娱乐、文学或艺术原作以及其他知识产权产品。

鉴于世界各国统计基础差异较大，因此，虽然2008年SNA原则上将R&D支出确认为资本形成的一部分，但是要达到这一目标仍需要克服重重困难，如价格指数、产出核算等。为了指导各国核算R&D资本，经合组织和欧盟统计局工作组于2010年发布了 *Handbook on Deriving Capital Measurement of Intellectual Property Products*。经OECD授权，中国科学技术发展战略研究院委托笔者将此手册翻译为中文，中文版《知识产权产品测度手册》已经于2016年12月由科学技术文献出版社出版发行。

第二节　本书的研究内容及逻辑架构

将R&D由中间消耗转变为投资，是对R&D身份确认的重大改变，因此可视为R&D核算的革命性变革。相对于我国目前的国民经济核算方法与体系，我们需要面对的问题有：R&D产出、R&D资本形成问题，R&D资本净存量、R&D资本消耗、R&D生产性资本存量及服务量的核算内容与方法问题，数据源的问题，R&D资本账户与其他账户的对接问题。为此，本书按照核算内容与逻辑框架、核算方法与技术、数据来源及估计、结果与分析的递进式逻辑关系展开，随后各章主要内容以及逻辑关系如下。

第二章是研究综述，重点论述永续盘存法涉及的相关参数、R&D固定资本形成估计的研究进展。

第三章是 R&D 资本测度基本理论框架，论述 R&D 资本核算的范围与内容，R&D 固定资本形成总额，满足资产负债表所需的 R&D 资本存量净额、资本消耗，从资本使用成本分解中得出 R&D 资本生产性资本存量和服务量的逻辑框架与方法技术。

第四章是解决第三章中提出的资产组役龄—效率曲线，在计算出不同类型 R&D 平均服务寿命分别为 5 年、6 年、7 年和 8 年的情况下，分别将 3 种退役模式（正态退役、WinfreyS2 和 WinfreyS3）作用于 3 种单一 R&D 资本效率衰减函数（双曲衰减 6 种情况、几何衰减 6 种情况和线性衰减），共得到 156 条 R&D 资产组的平均役龄—效率曲线。

第五章是根据役龄—效率函数与役龄—价格函数之间的关系，计算出 156 条 R&D 资产组平均役龄—价格曲线和役龄—折旧率曲线，并进行详细的比较分析。

第六章是中国 R&D 资本存量估计。首先是缺失数据估计，接着估算了 R&D 产出和固定资本形成总额、R&D 资本净存量、R&D 折旧额、R&D 生产性资本存量和 R&D 资本服务量，并分析了 R&D 资本化的影响与作用。

第七章是报告总结，指出本书的主要研究结论、创新点与未来展望。

第二章　R&D 资本测度研究综述

第一节　永续盘存法

资本核算关键涉及两个问题：一是如果该资产出售可能值多少钱？二是在使用年限内，对生产做出多大的贡献？理论上，如果存在一个良好的二手市场，那么就能够通过观察二手市场价格对资产进行重新估值，但现实中往往不存在这样的二手市场。因此资本存量核算是根据资产价格如何随役龄变化的假设，并且用永续盘存法进行估计的。

永续盘存法（PIM）是测度固定资产存量和流量使用最广泛的方法。它认为存量是投资流量经退役和效率损失矫正后的累积，故涉及役龄与效率、役龄与价格、退役模式等问题。

一、效率可替代性与单一资本的役龄—效率曲线

在市场条件下，资本品产生的预期各期收益等于相应的单位使用成本或资本服务价格，即资本单位使用成本（也就是资本服务价格）与资本提供的服务是相对应匹配的。提供较强服务能力的资本，或者说资本效率较高的资本应该具有较高的价格。现实中生产者往往拥有不同役龄的多种类型和数量的资本，在市场生产中，生产者将会组合使用不同役龄的资本品，使得它们的单位成本、服务价格、服务效率之间相对应，以实现成本最小化。因此假设不同效率的资产具有良好的替代性是非常合乎情理的。由于效率是无法直接观察的，因此往往借助单位使用成本（价格）定义资本的效率。

资本服务的效率与役龄 n 息息相关。令 h_n，f_n 分别为资产在役龄 n 时的效率和单位使用成本，定义役龄—效率函数为服役 n 年资产与其作为新资产时的单位使用成本之比，即资本役龄为 n 时与役龄为 0 时的单位使用成本之比：

$$h_n = f_n^t/f_0^t, n = 0.5, 1.5, 2.5, \cdots \qquad (2-1)$$

假设投资发生在期中，故式中 0.5 表示服役的第一年期中。从上述定义可知，该函数本质上是描述随着资产服役年龄的增加，其使用效率是如何下降的，对于其函数形式，学者们提出了多种类型函数进行模拟。

（一）单一资产的役龄—效率曲线

用 $g_n(T)$ 表示单一资产（相同类型）的役龄—效率函数，其中 n 表示役龄，T 为资产的退役年龄。经济统计学家们在实践中得到三种常见函数类型的单一资产役龄—效率曲线。

1. 双曲役龄—效率函数

许多国家的统计机构，如美国劳工统计局、澳大利亚统计局、新西兰统计局等已经在本国实践中采用，函数形式是：

$$g_n(\text{hyperbolic}) = \frac{T - n}{T - b * n} \qquad (2-2)$$

其中 $b \leqslant 1$ 是效率衰减参数，描述函数形状。通常情况下，双曲模式的资产在其服务的早期阶段生产能力损失较少，但在接近退役年龄时，生产能力快速损失。对于参数 b 的设置就反映了不同资产的差异，例如澳大利亚统计局（ABS 2000）将机械和设备的效率降低参数 b 设置为 0.5，建筑物的效率降低参数 b 设置为 0.75，这与英国统计局使用的参数值相同。相对于仪器和设备（效率下降在其寿命内相对均匀），其他价值较高的结构和建筑物，在资产服务后期，效率下降较快。对于计算机软件，b 设置为 0.5。对于数据库，b 也设置为 0.5。对于矿物勘探，b 设置为 1，这意味着勘探知识没有效率下降。相反的是艺术原件的情况，其中 b 被设置为 0，这意味着直线效率的下降。

2. 线性役龄—效率曲线

线性役龄—效率曲线的函数如下式：

$$g_n(\text{linear}) = 1 - \frac{n}{T} \qquad (2-3)$$

在线性役龄—效率曲线中，生产效率每个周期以恒定的绝对量下降。线性函数虽然简单，但未必是资产效率损失最合理的形式。

3. 几何型役龄—效率曲线

几何型役龄效率曲线是经验应用中最常用的分布。它假设一个资产组的效率以恒定的速率 δ 下降。迈斯森（Matheson, 1910）最早使用此概念，尽管他在折旧的情况下应用它，即描述价值损失而不是效率，随后被乔根森（Jorgenson，1995）和许多其他研究人员广泛使用，函数形式是：

$$g_n (\text{geometric}) = (1 - \delta)^n \qquad\qquad (2-4)$$

（二）资产组的役龄—效率曲线

将不同类别资产组合在一起形成资产组时，就需要考虑各种资产具有不同的服务寿命，也就是说他们从资本存量中退出的时间是不同的。相对于单个资产是役龄—效率函数，资产组的役龄—效率函数又称为平均役龄—效率曲线（或组合的役龄—效率/退役曲线），是指每个役龄下，各个效率以生存概率作为权重的加权平均。令 $0 \leqslant \{g_0, g_1, \cdots, g_T\} \leqslant 1$ 是具有服务寿命 T 的单个资产的役龄—效率函数，$0 \leqslant \{h_0, h_1, \cdots, h_{TMAX}\} \leqslant 1$ 是资产组的平均役龄—效率，那么：

$$h_n = \sum_{T=n}^{TMAX} g_n(T) F_T; n = 0, 1, \cdots, T^{\max} \qquad\qquad (2-5)$$

其中的 F_T 就是退役模式。由定义可知，平均役龄—效率函数仅仅强调效率与役龄相关，与时期 t 是不相关的。

二、资本服务寿命与退役模式

使用 PIM 方法估计资本存量的准确性很大程度上取决于资本的服务寿命，即资产保留在资本存量中的时间长短。这里的资产寿命是经济概念，而不是作为资本货物的物理或工程概念，故即便是保持物理上不变，由于经济考虑，资产价值也可能随时间变化。当涉及资产组时，寿命是指平均或平均使用寿命，与单一资产的最大资产的使用寿命不同。

"退役"（retirement）是指资产以废品出售，拆除，拆毁或简单放弃，从而导致从资本存量中移除，也可称为"废弃"（discards）。常见的资产退役模式有以下几种。

（一）同时退出模式

同时退出退役函数假设所有资产在其达到有关资产类型的平均使用寿命时从资本存量中同时退出。相应的生存函数表示所有给定类型和序列（即安装年份）的资产都保留在存量中，直到时间 T，它们一起退役，这种退役模式有时被称为"突然退出"。然而，假设在给定年份，所有资产都在其类别平均使用寿命的准确时刻从存量中退出，这显然是不合理的。一些资产由于过度使用，维护不善或事故损坏，因而可能在达到平均使用寿命之前将被废弃，而其他资产在超过平均寿命后，仍可以继续提供多年的良好服务。故同时退役是不符合实际情况的。

（二）线性退役模式与延迟线性退役模式

在线性退役模式中，假设资产从安装时间开始到两倍的平均使用寿命内，以相同的金额废弃。此时退役函数是一个矩形，其高度（退役率）等于$1/2\,T$，其中T是平均使用寿命。资产持续使用数年，每年以相同金额退出的模式并不符合实际，特别是在安装后立即废弃，大多数资产均不是如此。延迟线性退役就是假设废弃在小于$2\,T$的某个时间段上出现，但是因退役开始较晚，但退役结束比简单的线性情况更快。因此也不太符合实际情况。

（三）钟形退役模式

资产退役往往发生在安装年后逐渐开始增加，在到达平均使用寿命时达到峰值，然后超过平均寿命后退役逐渐减少。很多种函数可产生钟形退役图形，如伽玛函数、二次函数、威布尔函数、Winfrey 和对数正态函数。最后三者是PIM 模型中最广泛使用分布。

1. Winfrey 分布

Winfrey 曲线以工程师罗伯利汶福瑞（Robley Winfrey）之名命名，他于 20世纪 30 年代在 Iowa 工程实验站工作，他收集了 176 组工业资产的安装和退役日期的信息，并计算了 18 条"类型"曲线，能较好近似拟合所观察的退役模式。这 18 条 Winfrey 曲线给出了一系列偏度和峰度值，在一些国家的 PIM 模型中使用。对称的 Winfrey 曲线组可写成：

$$F_T = F_0 \left(1 - \frac{T^2}{a^2}\right)^m \tag{2-6}$$

其中 F_T 是资产在年龄 T 退役的边际概率，在 Winfrey 函数中，T 以平均使用寿命的 10% 表示，Winfrey 提供的参数 a 和 m 与年龄变量一致，以十分位数表示。F_0 影响分布形式参数。两个广泛使用的 Winfrey 曲线是具有对称的 S2 曲线（参数：$F_0 = 11.911$；$a = 10$；$m = 3.70$）和 S3 曲线（参数：$F_0 = 15.610$；$a = 10$；$m = 6.902$）。

2. 威布尔（Weibull）分布

威布尔（Weibull）函数由瑞典数学家威布尔（Walled Weibull）在 1951 年

提出，已广泛用于自然人群死亡率的研究，被几个国家用于 PIM 估计。威布尔频率函数为：

$$F_T = \alpha\lambda \, (\lambda T)^{\alpha-1} e^{-(\lambda T)^{\alpha}} \qquad (2-7)$$

T 是资产役龄，$\alpha > 0$ 是图形形状参数，$\lambda > 0$ 是规模参数。荷兰统计局使用废弃资产调查数据来估计各种资产的威布尔废弃模式。α 可以解释为资产被废弃的风险变化的度量：$0 < \alpha < 1$ 表示废弃风险随时间减少；$\alpha = 1$ 表示废弃的风险在资产的整个寿命期间保持不变；$1 < \alpha < 2$ 表示废弃的风险随着年龄增长而减少；$\alpha = 2$ 表示废弃的风险呈线性增加；$\alpha > 2$ 表示废弃的风险逐渐增加。

3. 伽玛（Gamma）分布

伽玛分布得到汽车登记模式的实证支持，故被一些国家的统计局，如德国使用，其函数形式为：

$$F_T = a^p \Gamma \, (p)^{-1} T^{p-1} e^{-aT} \qquad (2-8)$$

参数 a 和 p 确定了退役函数的形状，德国将之设置为 9，比较接近于汽车退役的经验模式。

4. 正态分布和对数正态分布

正态分布由于其对称性，并且 95% 的概率位于均值的两个标准差内，故广泛应用于各种统计研究中。对数正态分布是其对数呈现正态分布的分布，被广泛用作 PIM 的死亡率分布，其函数形式为：

$$F_T = \frac{1}{T\sigma\sqrt{2\pi}} e^{-(LnT-\mu)^2/2\sigma^2} \qquad (2-9)$$

T 是资产役龄，$\sigma = \sqrt{Ln \, (1 + m/s)^{-2}}$ 为对数标准差，m 是均值和正态分布下的标准偏差，欧盟大多数国家采用此函数。

三、役龄—价格曲线和折旧函数

在资本核算中，固定资本消耗或折旧是指由于物理退化（磨损或损坏）以及正常的过时而导致的资产价值损失。折旧是一种价值概念，描述的是资产价值随着役龄的损失，而役龄—效率函数描述的是资产生产效率的损失，两者是从不同的角度测度资产。

令 P_n^{tB} 代表 n 岁旧资产在时期 t 期初的价格，那么他与时期 t 期初新资产价格之比，称为资产的役龄—价格函数：

$$\psi_n = P_n^{tB}/P_0^{tB}, n = 0.5, 1.5, 2.5, \cdots \qquad (2-10)$$

一般来讲，从物质资本的役龄—价格曲线研究结论来看，不同类型资产的役龄—价格曲线非常宽泛，没有确定的单一、标准模式。以价格为纵坐标，役龄为横坐标，总体来看，常见的役龄—价格曲线是一条随着时间而下降的线，有一些朝向原点的凸线。而且，这些向下倾斜的凸曲线，不遵循任何简单的数学定律。

常见的确定役龄—价格曲线或者折旧模式的方法通常是对折旧模式做出某种额外的假设，如直线折旧、几何折旧（加速折旧）、使用生产函数的计量经济方法以及从役龄—效率曲线中导出相应的役龄—价格曲线。

（一）直线折旧

给定 R&D 资本的服务寿命 T，线性折旧指的是遵循如下模式：

$$P_n/P_0 = 1 - n/T, n = 0, 1, 2, \cdots, T \qquad (2-11)$$

这样两个连续年份之间的资产价值损失就是初始资产价值的 $1/T$（$P_n - P_0 = P_0/T$），折旧率即由于老化导致资产价值损失的百分比为：

$$\delta_n = 1 - P_{n+1}/P_n \qquad (2-12)$$

在直线折旧之下，可得到简化使用成本 $c_n = P_n r^* (1 - n/T) - P_0/T$。它不会随着资产的使用寿命结束，即当 n 接近 T 时而变为零，这就意味着无价值资产将会出现正资本服务值的情形，这是不符合实际的。

（二）几何折旧或下降余额模式

几何折旧模式是实证分析中最常见的情形，许多统计机构也采用，如堪培拉工作组的最终报告中就建议 R&D 折旧采用几何折旧模式，其函数形式为：

$$P_n/P_0 = (1 - \delta)^n, n = 0, 1, 2, \cdots, T \qquad (2-13)$$

在几何模式下，折旧率为恒定值，但是几何折旧率的大小确定是个非常令人头痛的问题，在缺乏计量经济学估计值的情况下，有时使用"下降余额法"并基于一组资产的平均使用寿命的信息来估计 δ。胡尔敦（Hulten）和沃克服（Wykoff）（1996）提出了将资产组的平均使用寿命 TA 转换为折旧率的方法——"下降余额法"：

$$\delta = R/TA \qquad (2-14)$$

其中 R 是估计的下降余额比率，如在双倍下降余额公式下，TA 等于 2。

第二节　R&D 缩减价格指数综述

涉及有关 R&D 的实证分析，都会遇到将当年价折算为不变价的问题。从文献看，前期选用与 R&D 相似或者内容接近的指标较多，如 GDP 缩减指数、消费价格指数等。但缩减指数的功能除了要能纠正因"通胀"引起的数据扭曲，还需要反映开展 R&D 活动对生产率的影响，因此，不仅需要编制 R&D 投入缩减价格指数，更需要编制 R&D 产出缩减价格指数，美国 2007 年 R&D SA 的研究结果也表明两者的趋势不一致。本书下面分别从投入和产出两个方面进行阐述。

一、R&D 投入缩减指数

投入角度是根据 Frascati 手册中 R&D 的 5 种构成入手的（构成是：科学家和工程师、辅助人员、原材料和物料、重型机械和装备、其他投入）。理论上，编制 R&D 投入价格指数需要每种构成要素的时间序列价格数据以及合适的权重，但现实中，既缺乏与 R&D 活动直接相关的价格变化信息，又缺乏详细的当前支出结构信息。围绕这些难题，经济统计学家已经在价格调查、部门指数和特殊功能指数的权重和价格方面开展大量的研究。表 2-1 概括了国内外主要代表性的文献，根据指数编制的数据来源和投入指数的编制方法，可以把文献分为两类：问卷调查法和替代指标法。

（一）问卷调查法

问卷调查法是针对 R&D 执行单位，如企业和高等院校进行调查，获取他们关于 R&D 价格变化的信息，一般是上涨的估计，再根据这些估计的价格信息构造价格指数。比较早的研究如 1968 年美国军方和自然基金委托劳动统计局（BLS）研究军方 R&D 活动价格指数，BLS 选择了 1961～1965 年能代表军方内部活动和实验室活动的支出样本，给出了第一个专属于 R&D 的价格指数——军方 R&D 指数。[①] 但 BLS 最后评论认为：这样的指数是可行的，但代价十分昂贵。

---

① SIDNEY A. JAFFE, A Price Index for Deflation of Academic R&D Expenditures. NSF 72-310, 1972.

杰夫（Sidney A. Jaffe，1972）等研究了美国高校 R&D 支出的缩减指数，采用 NSF 针对各种高校 1965～1966 年、1967～1968 年的 R&D 项目调查数据，分析了研究人员任期和研究生的变化的影响，分析了不同类型高校的研究人员结构，最终确定人员报酬和非人员直接成本的权重分别为 65% 和 35%，其中人员报酬又细分专业人员和非专业人员，权重分别为 48.3% 和 16.7%；人员报酬的数据采用美国高校教授联合会进行薪酬调查报告中数据，非人员直接成本指数选择非金融部门内部缩减指数替代。

格力茨（Griliches，1984）采用杰夫（1972）的方法，使用美国制造业周酬金指数和非金融缩减指数加权合成 R&D 价格指数（权重分别为 49%、51%）；类似的 Schott（1976）构建了英国产业 R&D 指数，权重：工资 47%，机械设备和装备、材料 50%，土地和建筑物 3%。该指数后人称之为"杰夫—格力茨指数"。

迈斯菲尔德、罗默和斯维特（Edwin Mansfield，Anthony Romeo and Lorne Switzer，1982）通过邮寄调查问卷，问题如果在 1969 年做同样的项目，在 1979 年的花费（百分比）等。依据来自 8 个行业的 32 家企业的详细数据，计算了 1979 年的 R&D 投入价格指数（1969 年为 100），具体做法是通过计算 5 种类型投入增长的百分比（科学家和工程师、辅助人员、材料及物料、R&D 机械设备和装备的折旧、其他投入），以每个企业 R&D 支出金额为权数。因为此文中仅计算了 1979 年的指数值，因此严格来说不属于指数序列。为了补充说明，还计算了创新的各个阶段的价格指数，以及基于 CD 生产函数的价格指数。后来又延伸到其他行业，时间扩展到 1981 年和 1983 年。

迈斯菲尔德（1987）设计了一个 1981 年所有费用超过 100 万美元的抽样框，该抽样框占所有 R&D 的 90%，从中抽取 100 家企业，得到有效问卷 93 份，占所有 R&D 的 15%。根据 R&D 投入的 5 种类型，构建了每种投入类型的价格指数，然后用每个企业 R&D 支出做权数，计算出每个行业的 R&D 价格指数；再用国家自然基金（NSF1981）和格伯格（Goldberg，1978）提供的关于各行业 R&D 各种投入构成的数据做权数，计算出整体 R&D 投入价格指数。

从理论上讲，直接针对 R&D 执行主体开展价格调查能够真实反映 R&D 价格变化，但是涉及的面较广，不适合单独经常性地进行此类调查活动。

（二）替代指标法

替代指标法是根据 R&D 投入的构成——劳务费、其他日常支出和资本性支出，分别选择相应的替代指标，根据替代指标的指数，用所占份额为权重，加权平均为总指数，典型的如杰夫（1972）、格力茨（1984）。这类方法充分利用各种二手统计资料，减少了调查工作量。国内的研究全部集中在替代指标方法上。

琼可斯奇（John E. Jankowski, Jr, 1991）是在迈斯菲尔德、罗默和斯维特（1982）、迈斯菲尔德（1987）的基础上继续开展研究的，确定与 R&D 投入价格高度相关的替代指标，根据该指标的价格序列，构造 12 个制造业和工业的 R&D 投入价格指数，并且认为当有更加合适的替代指标时，可以方便更新。具体做法是用美国劳动统计局（BLS）报告中支付给水平 V 和水平 VI 工程师的平均年度薪水，估计 1983 年以前劳动成本，对 1983 年之后则采用美国工程协会的工程劳动力委员会的平均薪水；辅助人员成本选用劳动统计局的"产品—工人"每小时收入；材料和物料选用 BEA 未公开的"材料成本指数"；机械设备和装备选用 BEA 中制造商购买的耐用装备和工业非居住建筑物加权合成，权数分别为 2/3 和 1/3；其他投入选用 BLS 的经理和管理人员周工资中位数。权重和迈斯菲尔德、罗默和斯维特（1982）相同，1969 年、1979 年、1981 年和 1983 年的指数值不变，中间年份的 60 个序列（12 个行业的 5 中投入）采用插值法取得缩减指数值。再将所有行业的 R&D 指数用每个行业在 1969 年 R&D 支出份额作权数，合成整个工业的拉氏价格总指数。

琼可斯奇（1993）采用加权的拉氏指数计算公式，构建了 5 种投入的价格指数，编制了美国 12 个行业 1969~1988 年的制造业价格指数。DTI（1978, 1980）使用了类似的 5 种投入因素的途径构建了英国 7 个制造业的 1964~1975 年 R&D 价格指数。

借鉴迈斯菲尔德（1987）的做法，波罗克斯（Klaus Brockhoff, 1988）给出了德国工业 R&D 支出价格指数。

喀麦隆（Gavin Cameron, 1996）构建了 1970~1992 年英国制造业 8 个行业以及整个制造业的 R&D 支出价格指数。从数据来源看，既有行业特有的，也有反映制造业整体特征的。其中科学家与工程师、辅助人员之间的权重分别是 2/3、1/3；材料和物料指数由有两个行业指数构成：生产者产出价格指数（producer price output index）和生产者投入价格指数（producer price input index）；"其他支出"主要与行政管理者和管理上的相关支出，有两个替代指标：扣除食品的零售价格指数 [the retail prices index（excluding food）] 和制造业生产价格产出指数（manufacturing producer prices output index）；最后，R&D 的资本支出项使用固定资本形成缩减指数来替代。在指数计算公式上，喀麦隆认为当费用结构随时间发生变化时，使用固定权重不太合适，可以

Törnqvist-Theil 公式进行调整。

2007 美国 R&D 卫星账户[1]也提供了 R&D 投入价格指数（aggregate input price index）。科普兰、迈德洛和罗宾逊（Adam M. Copeland, Gabriel W. Medeiros and Carol A. Robbins）对卫星账户中使用的投入价格指数进行理论和实际应用分析。因为数据是以执行者为基础的，BEA 首先构造了基于执行者的投入价格指数，然后纳入总投入价格指数中。使用该总投入价格指数和两个政府资助的 R&D NIPA 指数（NIPA-based indexes），做减法就可以求出非政府资助 R&D 指数。为了构建基于执行者的价格指数，使用 Fisher 链式指数把相关的支出和投入价格组合起来，就得到总的实际 R&D 支出以及总投入价格指数。

国内的学者，朱平芳和徐伟民（2003）将 R&D 支出价格指数设定为消费物价指数和固定资产投资价格指数的加权平均值，其中权重分别为 0.55、0.45。吴延兵（2008）、王康（2011）采用同样的方法和权重；王俊（2009）用价格变动方程消除价格对存量的影响。王孟欣（2011）选择使用 1978 年为基期的 GDP 平减指数，测算分类型及执行部门的存量时采用 R&D 经费环比指数推算的定基指数，测算各地区存量时采用各地区的 GDP 平减指数，测算行业存量时，采用全国 R&D 经费指数推算的定基指数。

二、R&D 产出缩减指数

表 2-1 概括了产出价格指数的代表性文献。由于企业的 R&D 成果大部分是内部使用，缺乏市场交易信息，因此，产出价格指数都是间接构造的。差异也主要表现在编制方法上。

（1）克拉多、古德里奇和哈斯克（Carol Corrado, Peter Goodridge and Jonathan Haskel，2011）构造生产知识的上游部门和使用知识的下游部门两个模型，知识生产部门使用的是基础的、未完成的知识，将其转化为商业的或者完成的知识，以供下游部门使用，通过收入方程得到 R&D 缩减价格指数（见表 2-2）。通过模型中价格特性用来表明，商业化生产的知识的价格是如何与创新市场支配力，以及下游产出价格、要素成本和生产率之间相联系的。与其他方法相比，这种方法体现了对非常弱的 R&D 生产率假设。使用该方法，文章

---

① ADAM M. Copeland, Gabriel W. Medeiros and Carol A. Robbins, Estimating Prices for R&D Investment in the 2007 R&D Satellite Account. Bureau of Economic Analysis/National Science Foundation 2007 R&D Satellite Account Background Paper, 2007.

发现，英国的 R&D 投资从 1985~2005 年平均每年下降了 7.5%。

（2）科普兰和菲克斯勒（Adam Copeland and Dennis Fixler，2008，2009，2011）用从业人员和专利数量的几何平均构造产出的物量指标，再用服务收入除以物量指标，就得到 R&D 产出价格指数（见表 2-2）。实证结果发现，1987~2006 年，实际 R&D 服务业收入年均增长 2.64%，实际 R&D 年均支出 1.4%，而使用经常采用的总投入价格指数进行缩减，R&D 费用支出年均增长 2.1%。从绝对额看，18 年后，使用总投入价格指数缩减得到的 R&D 支出要比使用产出价格指数缩减得到的高 250 亿美元。

表 2-1　　　　　　　　　　R&D 投入指数主要研究成果汇总表

作者（年份）	研究方法	调查对象或替代指标	备注（权重）
劳动统计局（1968）	问卷调查法	军方研究机构	—
杰夫（1972）	替代指标法	高校教授薪酬、非金融部门内部缩减指数替代	65%，35%
格力茨（1984）	替代指标法	美国制造业周酬金指数和非金融缩减指数。后人称为"杰夫—格力茨指数"	49%，51%
斯科特（Schott，1976）	替代指标法	工资、机械设备和装备、材料、土地和建筑物	47%，50%，3%
迈斯菲尔德、罗默和斯维特（1982）	问卷调查法	8 个行业 5 种类型投入增长的百分比	R&D 支出为权数
迈斯菲尔德（1987）	问卷调查法	5 种类型 R&D 投入	R&D 支出做权数
琼可斯奇（1991，1993）	替代指标法	工程师薪水、辅助人员成本每小时收入、材料成本指数、耐用装备和工业非居住建筑物、管理人员周工资中位数	权重同迈斯菲尔德、罗默和斯维特（1982）
波罗克斯（1988）	问卷调查法	同迈斯菲尔德（1987）	德国工业 R&D 支出价格指数
喀麦隆（1996）	替代指标法	工资收入调查、生产者产出投入价格指数合成、扣除食品的零售价格指数和制造业生产价格产出指数、固定资本形成缩减指数	
2007 美国 R&D 卫星账户	替代指标法	分私人行业部门、高校、国防分别选择替代指标	
朱平芳和徐伟民（2003）	替代指标法	消费物价指数和固定资产投资价格指数（权重 55%，45%）	

续表

作者（年份）	研究方法	调查对象或替代指标	备注（权重）
吴延兵（2008）	原材料购进价格指数和固定资产投资价格指数的加权平均值		
王康（2011）	同上		
王俊	引入价格变动方程		
王孟欣（2011）	选择使用 1978 年为基期的 GDP 平减指数和推算的定基指数		
朱发仓（2014）	工业 R&D 投入指数		

美国 2007 年在 R&DSA 中也给出了 R&D 产出价格指数。科普兰、迈德洛和罗宾逊（2007）详细论述了三种产出价格指数的理论基础和实际应用，并选择在卫星账户中发布。在构建 R&D 产出价格指数时，都提出以下假设：

假设 1. R&D 产出是一种创意；

假设 2. 不同时期的创意具有可比性（对已有知识起到微小的推动作用），在非剧烈创新时，效果较好；

假设 3. 创新者的目标是提高下游企业产品的质量（属于产品创新），或者降低下游企业生产成本（属于工艺创新）；

假设 4. 创新者能获得 R&D 创意的所有收益。

（3）剩余无形资产价格指数法（residual intangible asset price index）。假设创新者能够获得下游企业的所有收益，因此，通过测量 R&D 导致的下游企业利润的变化，就可以估计 R&D 产出价格变化。通过两步法实现。

第一步，计算每个时期初归属于 R&D 的收入，减去中间投入，减去劳动成本，减去物质资本的收益。

第二步，将这些 R&D 收益进行五年移动平均，然后对比记为 R&D 产出价格指数。

（4）明细行业价格指数法（detailed industry price index）。在剩余无形资产价格指数理论基础上，假设 R&D 创新是以产品创新为导向，R&D 创新会导致产品均衡价格上升，以行业产出价格的链式 Fisher 指数作为 R&D 产出价格指数。

（5）总 R&D 产出价格指数法（aggregate R&D output price index）。在上述明细行业价格指数的基础上，假设行业间有相同的 R&D 生产率推动力量，用 R&D 密集型行业年度 R&D 投资份额做权数进行平均，就得到总 R&D 产出价格指数。

表 2 –2　　　　　　　　　　　　R&D 产出缩减指数研究成果表

作者（年份）	研究方法
克拉多、古德里奇和哈斯克（2011）	构造知识生产和使用的两部门模型，通过收入方程得到产出缩减指数
科普兰和菲克斯勒（2008，2009，2011）	通过科学 R&D 服务业（5417 类）的收入指数除以 R&D 物量指数（专利与人员几何平均）得到
科普兰、迈德洛和罗宾逊（2007）美国 2007 年 R&D 卫星账户	剩余无形资产价格指数法。第一步，计算每个时期出归属于 R&D 的收入，减去中间投入，减去劳动成本，减去物质资本的收益。第二步，将这些 R&D 收益进行五年移动平均，然后对比记为 R&D 产出价格指数
科普兰、迈德洛和罗宾逊（2007）美国 2007 年 R&D 卫星账户	明细行业价格指数法。假设 R&D 创新是以产品创新为导向，以行业产出价格的链式 Fisher 指数作为 R&D 产出价格指数
科普兰、迈德洛和罗宾逊（2007）美国 2007 年 R&D 卫星账户	总 R&D 产出价格指数法。在明细行业价格指数的基础上，假设行业间有相同的 R&D 生产率推动力量，用 R&D 密集型行业年度 R&D 投资份额做权数进行平均，就得到总 R&D 产出价格指数
朱发仓（2014）	工业 R&D 产出指数

正如喀麦隆指出的那样：特定的 R&D 缩减指数才能为量化分析 R&D 提供较好的标度。尽管使用 GDP 缩减指数与文章的趋势是相同的，但是差异不可忽视，如使用 GDP 缩减指数制造业实际支出 1983～1992 年上涨 11.4%，而用 R&D 缩减指数后只有 7.3%。而且，各行业的 R&D 成本上涨差异很大，与总制造业差异更大。现有文献对于编制缩减指数很有实践指导意义，但还存在以下不足。

（1）投入指数中替代指标选择的差异性较大，如格力茨（1984）仅采用美国制造业周酬金指数和非金融缩减指数加权合成 R&D 价格指数；而琼斯（1991）则分别为研发人员成本、辅助人员成本、材料和物料成本、机械设备和装备以及其他投入选择替代指标。替代指标选的差异直接导致投入指数差异较大。国内研究，没有充分考虑 R&D 支出结构，替代指标的选择过于简单，如朱平芳和徐伟民（2003）仅用消费物价指数和固定资产投资价格指数合成投入指数。

（2）由固定权重得到的投入指数意味着投入结构不变，显然不具有长期有效性。如格力茨（1984）的权重为 49%、51%。问卷调查法在编制指数时，虽然用报告期 R&D 投入做权数，但是当 R&D 投入发生剧烈变化时，会使指数发生剧烈跳动现象（仅因权重剧烈变动导致的价格指数"断档"现象），会与事实不符。而且，问卷调查法耗资较大，不适合经常性地进行。

（3）测度 R&D 产出价格变化时所作的假设过于严格，如克拉多、古德里奇和哈斯克（2011）假设充分竞争，不符合开展 R&D 活动的目的是获得垄断利润；又如科普兰和菲克斯勒（2008，2009，2011）假设科学 R&D 服务行业（北美产业分类中的 5417 类）代表全社会 R&D 情况；再如明细行业价格指数法要求产品创新为主等。

第三节　R&D 折旧率估计综述

价值损失与生产效率损失是资本核算的核心内容，其中价值损失是指由于退化或损坏以及正常过时导致的资产价值损失，在国民账户中通常用固定资本消耗，在经济研究分析中常用折旧表述。确定折旧率是经济统计学家们面临的难题之一，自从经济学家格力茨（1973，1979）得出 15% 的结果后，后续很多学者沿用此结果。从已有文献上看，通常的方法有包括使用计量经济方法估计折旧率、对折旧函数模式做出假设两种。

一、计量经济估计法

从估计思路看，一种是利用所估计的模型参数构造，如列维（Baruch Lev）和叔格尼斯（Theodore Sougiannis，1996），另一种是根据不同的折旧率计算模型残差序列，进行统计检验，如博斯腾和曼尼斯（Jeffrey I. Bernstein and Theofanis P. Mamuneas，2006）、宁黄（Ning Huang），德温特（Erwin Diewert，2011）。这些模型基于不同的数据和不同的方法，使 R&D 折旧率的估计结果差异很大。

博斯腾和曼尼斯（2006）假设价格预期遵循一阶自回归过程（文中也检验了二阶过程）：$q_{it+1} = \phi_i + \theta_i q_{it} + e_{it}, i = 1, \cdots, n$，成本函数采用对称的广义 MC-Fadden 函数，那么单位产出对第 i 种投资的需求，或者称为第 i 种投资密度为：

$$\frac{x_{it}^*}{y_t} = h_i^{-1}\left\{\beta_i + \frac{\sum_{j=1}^{n}\beta_{ij}w_{jt}}{\sum_{i=1}^{n}b_i w_{it}} - \frac{0.5\sum_{i=1}^{n}\sum_{j=1}^{n}\beta_{ij}w_{it}w_{jt}}{\left(\sum_{i=1}^{n}b_i w_{it}\right)^2} + \beta_{it}t + \beta_{tt}b_i t^2\right.$$

$$\left. + \frac{\alpha_i}{y_t} + \frac{b_i\alpha_t t}{y_t} + b_i\alpha_{yy}y_t\right\} + (\mu_i - d_i)\sum_{\tau=0}^{T}(d_i)^\tau \frac{x_{it-1-\tau}}{y_t}, i = 1, \cdots, n$$

$$(2-15)$$

利用 1954～2000 年 4 个行业（化工、非电子机械、电子产品和交通装备）的行业产出、劳动投入、中间消耗、物质资本和 R&D，使用是互不相关回归估计方法（nonlinear seemingly unrelated regression estimator），通过 8 个方程的估计得到美国 4 个 R&D 密集型行业的 R&D 折旧率：化工行业 18%、非电子机械行业 29%、电子制造行业 29%、交通装备制造行业 21%。

宁黄和德温特（2007，2011）将 R&D 资本视为包含在经济系统前沿内的参数，R&D 资本存量提高就会推动生产前沿向前移动，而且，R&D 投资会增加垄断利润。使用 R&D 总投入数据，在垄断竞争框架内估计摊销率。假设产业的总产出函数形式为：$y_t = f(x_t, R_t, t)$ 取决于投入向量 x，R&D 资本存量 R 和时间 t，t 代表了产出函数中非 R&D 因素导致的技术变化（包括干中学效果、可免费获得的关于新技术的研究、信息，贸易产生的技术等等）。若不包含 t，会过度估计 R&D 的影响。在既定投入下，以垄断利润最大化为目标得到理论估计方程。实际估计时，选用标准二次函数形式：

$$f(x,R,t) \equiv b + c_1 x_1 + c_2 x_2 + c_3 x_3 + g_1 x_1 t + g_2 x_2 t + g_3 x_3 t + h_1 x_1 R_t$$
$$+ h_2 x_2 R_t + h_3 x_3 R_t + e_1 t + e_2 R_t - 0.5 x' S x / (\phi_1 x_1 + \phi_2 x_2 + \phi_3 x_3)$$
$$(2-16)$$

并以线性或者二次形式的时间变量分别测度不同时期技术进步形式。构造一系列的 R&D 摊销率 δ 的值：0.01，0.02，0.03，…，1，基于这些摊销率，计算初始 R&D 存量序列 $R_0 = I_{r,0} / (\delta + \gamma_r)$，$I_{r,0}$ 为初始存量，γ_r 是存量平均增长率，其余时期资本存量按照一般公式计算。共计算得到 101 个折旧率和存量，估计 5 个方程，使用 SHAZAM 非线性最大似然估计方法，最大似然函数值对应的就是要求的摊销率。

霍尔（Bronwyn H. Hall，2007）使用生产函数法和市场价值模型对工业制造业企业 1974～2003 年的数据估计折旧率。在使用生产函数法时，假设条件有市场完全竞争、不同资本产出弹性与其投入份额成比例、生产函数具有规模中性和需求中性，在成本最小化时估计参数，由此两类资本（R&D 与其他）的生产率与其份额成正比：$\dfrac{\gamma}{\beta} = \dfrac{c_K^* K^*}{c_A A}$，其中 γ 是实际知识资本 K^* 的产出弹性，β 是有形资本 A 的产出弹性。新古典资本成本 $c_J (J = A, K)$ 为：$c_J(t) = p_J(t) \left\{ 1 - \dfrac{(1 - \delta_J) [p_J(t+1)/p_J(t)]}{1 + \rho} \right\}$。其中 δ_J 是合适的摊销率，$p_J(t)$ 是与产出相关的资本价格，ρ 是收益率。先估计 R&D 与普通资本的生产收益，给定 γ, β 的估计，从而知道 $c_A A$，根据上式关系计算 $c_K K$，将它与观察到的 K 相比较，可得出 R&D 资本的成本 c_K，以及它的摊销率。

埃斯科和英格玛（M. Ishaq Nadiri and IngmarR. Prucha，1996）用要素需求函数代表技术，劳动需求函数为：$L_t = L(Y_t, M_t, K_{t-1}, R_{t-1})$，其中 L, M, K, R, Y 分别代表劳动投入、物质投入、期末物质资本存量、R&D 存量和、总产出。令 p_t^M 是劳动与物质投入的相对价格，两者都假设为外生的。令 $\hat{M}_t$ 代表物质投入最小价值，则技术可等价于由标准化限制变动成本函数（Normalized Restricted Cost Function）表示：$G_t = G(p_t^M, K_{t-1}, R_{t-1}, Y_t) = L(Y, \hat{M}, K_{t-1}, R_{t-1}) + p_t^M \hat{M}_t$。函数 G 对 p^M 是 0 次齐次函数，且是凹函数，对 Y 是非减函数，对 K, R 是非增函数。还假设 G 对 K 是凸函数，对 R 则不限定。从实证分析的角度，具体采用：

$$G(p^M, K_{-1}, R_{-1}, Y) = Y[\alpha_0 + \alpha_M p^M + 0.5\alpha_{MM}(p^M)^2]$$
$$+ \alpha_K K_{-1} + \alpha_R R_{-1} + \alpha_{KM} K_{-1} p^M + \alpha_{RM} R_{-1} p^M$$
$$+ (0.5\alpha_{KK} K_{-1}^2 + \alpha_{KR} K_{-1} R_{-1} + 0.5\alpha_{RR} R_{-1}^2)/Y$$
$$(2-17)$$

通过 Shephard 引理，得到劳动和物质的需求方程：

$$L_t = \{\alpha_0 - 0.5\alpha_{MM}(\hat{p}_t^M)^2\}\hat{Y}_t + \alpha_K K_{t-1} + \alpha_R R_{t-1} +$$
$$\{0.5\alpha_{KK} K_{t-1}^2 + \alpha_{KR} K_{t-1} R_{t-1} + 0.5\alpha_{RR} R_{t-1}^2\}/\hat{Y} \quad (2-18)$$

$$M_t = \{\alpha_M + \alpha_{MM}\hat{p}_t^M\}\hat{Y}_t + \alpha_{KM} K_{t-1} + \alpha_{RM} R_{t-1} \quad (2-19)$$

使用美国 1960~1988 年制造业的总产值、劳动、物质投入（厂房与装备）数据，通过假设摊销率的一系列初始值（0，1），先递归计算资本存量，再计算劳动和物质需求方程的残差。继而比较高斯全信息最大似然函数（Gaussian Full Information Maximun Likelihood Function，GFIMLF）的函数值，最大值对应的即为要求的摊销率，为 0.12。

列维和叔格尼斯（Baruch Lev and Theodore Sougiannis，1996）从 R&D 支出与收益之间的关系估计 R&D 摊销率。将收入 E_{it} 表示为物质资产 TA_{it} 与 R&D 资产 IA_{it} 的函数 $E_{it} = g(TA_{it}, IA_{it})$。定义 R&D 的价值为：$RDC_{it} = \sum_k \alpha_{ik} RD_{i,t-k}$，$\alpha$ 是 $t-k$，$(k = 0, 1, \cdots, N)$ 年的贡献。对 1975~1991 年进行逐年回归，利用估计系数可以计算 R&D 年度摊销率。

二、折旧模式假设法

这种方法是假设折旧遵循某种函数形式，常见的两种折旧函数假设是直线折旧和几何折旧。在直线折旧假设下：$\delta_n = 1/(T-n)$，其中 T 为最大使用寿命，n 为役龄。几何折旧是实证分析和国民账户中使用最多的情形，直接假设折旧率的值（比如为 15%、10% 等）。在无法直接确定折旧率时，前文已经提及"下降余额"公式 $\delta = R/TA$ 的两步程序，其中 R 是估计的下降余额比率。在双倍下降余额公式下，R 选择为等于 2。目前，大多数国家采用了几何折旧模式。

关于折旧率，从已有文献结论可知，折旧率曲线是非常宽泛的，基本是凸向原点的曲线，但是并不存在单一的、标准模式。并且折旧率曲线都是随着役龄下降。重要的是迄今为止，并未发现他们遵循任何数学定律。因此，我们将从资本效率衰减入手，从役龄—效率曲线中导出役龄—价格函数，进而确定折旧率，而不再简单对折旧率做出某种假设。

第四节　R&D 资本平均服务寿命估计综述

在资本核算中，资产的使用寿命是在生产过程中保持使用或准备使用的总时间长度，或者说是对经济所有者产生收益的有用的时间长度。这里的经济所有者就意味着在其使用寿命期间，资产可以具有多于一个的所有者。而且，"资产寿命"生命属于经济概念，而不是资本品的物理或工程概念，这恰恰说明了 R&D 即便是"物理上"不变，也可能随时间而改变。

相对于物质资本，R&D 资本不会磨损或者意外损失，知识不会遭受"磨损"，也不能"意外损坏"或随后"修复"。故它具有理论上无限的寿命，但是就知识直接对经济产出和公司利润做出的贡献而言，时间长度是有限的，也就是对生产有用的"经济服务寿命"是有限的。

在资本服务寿命中，有平均服务寿命和最长服务寿命两个概念。在资本退役模式确定之后，由于平均服务寿命决定了资本退役函数，也就影响了资本的役龄—效率曲线，役龄—价格曲线，也就决定了资本的存量净额和折旧，决定资本服务量，因此平均服务寿命是影响资本核算的主要决定因素。可以想象，平均服务寿命 10 年与平均服务寿命为 5 年的资本相比，净资本存量将大约是后者的两倍，在大幅增长的情形下，固定资本消耗将明显减少，进一步 R&D

价值也包括在总成本中，也就对 GDP 等核心宏观指标产生重要影响。

在实践中，估计寿命的两个关键方法被普遍采用：专利更新法和直接调查法。然而，这两种方法通常认为资本服务寿命为 10～20 年，但不同行业之间存在很大差异。

一、专利更新法

专利更新法是从英国知识产权局和欧洲专利局管理系统中提取 1986～2010 年之间年度专利续费信息来估计专利申请的使用寿命，通过识别已经"死亡"（年费停止或专利过期）来估计死亡年龄。将死亡年份和申请年份之差作为寿命估计值，同时也用专利价值加权估计。

这种方法假设是专利代表研发，专利年限代表研发资产寿命，不需要再进行额外的调查，省时省力。同时也提供了关于专利生命的直接观察，但是一些大的公司往往会默认自动续费。特别是随着诉讼费的提高，专利价值的意识增强，专利持有人往往会选择续费作为预防性措施，以避免对其他竞争者造成冲击。

该方法的缺点也很明显，研发与专利之间存在逻辑关系，但是该关系因行业而异，并且有相当大比率的研发并不申请专利。此外将 1986～2010 年期间获得的专利也应用于其他时期，忽略了技术进步速度变化对服务寿命的影响。

二、直接调查法

堪培拉第二工作组和 NESTI 鼓励各国采用直接调查法，特别是针对各个行业中主要的 R&D 执行者进行调查，以获得 R&D 资产预期服务寿命。

（一）以色列中央统计局的试点调查

ICBS（以色列中央统计局）的试点调查涵盖了约 30 家企业，行业涉及软件、制药、半导体、监控设备、化工。调查也采访了风险投资基金代表等 R&D 方面的专家。调查内容包括 R&D 服务寿命、他们关于数据采集方式的意见以及相关人员情况等。调查结果表明，调查对象能够提供估算的 R&D 平均服务寿命。某一特定行业中多个企业报告的数据显示，相似类型的 R&D 具有相似的服务寿命长度。

（1）一些调查对象认为近年来服务寿命一直是变化的，在一些行业中变得更短。这意味着需要定期采集服务寿命长度数据（至少每隔几年进行一次）。

（2）服务寿命长度似乎与 R&D 项目的持续时间和难易程度有关。R&D 项目持续时间的数据比较容易获得，企业往往会制订 R&D 项目的相关工作计划。

（3）在多数情况下，应用滞后期很短。企业在实施 R&D 的同时也在设计 R&D 产品的用途，因此 R&D 成果会尽快得以应用。

（4）调查对象报告称他们提前制订了未来几年的详细工作计划，能够回答关于这三个阶段时间长度的问题。

（5）调查对象清楚 R&D 活动的成功率，事实上，在工作计划中已经考虑了失败的 R&D。调查对象认为成功 R&D 的收益可以涵盖所有 R&D，包括证明已经失败的 R&D。

（6）R&D 资产停止使用的原因：吸收更新 R&D，即取代或改进先前 R&D 资产。在大多数情况下，旧的 R&D 资产被完全废弃，但在某些情况下，如果还有利润可以获取，那么它仍可以用于小规模的生产。

（7）可能延长 R&D 寿命的因素：缺乏竞争（垄断）或 R&D 是嵌入在大规模昂贵的不常更新的设备中。

（8）调查对象认为特定类型的 R&D，其服务寿命是相似的，因此从专家那里能获得足够的关于服务寿命的信息。

（二）德国的试点调查

德国联邦统计局在德国工业联合会（BDI）的帮助下向许多行业协会和企业发放了问卷，以获得 R&D 服务寿命、R&D 专利份额、各种 R&D 类型（主要是具有不同的服务寿命）份额的信息。从 12 家调查对象得到的信息表明，获得关于服务寿命问题的答案是可能的。在每个行业内按照 R&D 项目类型对服务寿命分解，估算不同类型 R&D 项目价值，进而可以推导每个行业的加权平均服务寿命（也可以计算每个行业中不同服务寿命的 R&D 项目单独的退役函数）。另外，报告的 R&D 专利权有关的份额为 1.5% ~ 90%，表明当使用专利数据估算 R&D 服务寿命时需要谨慎。

（三）英国的试点调查

英国国家统计局采用以色列中央统计局设计的问卷，开展了一项涵盖不同行业 19 家企业的试点调查（其中 9 家采用面对面采访的形式，10 家采用电话采访的形式）。与上述两个国家的试点调查不同，英国试点调查包括 R&D 和其他非技术活动。但是，调查发现采用这种方法效果不是很好，这两项调查应针对不同的调查对象分别进行。对于 R&D 调查，应由熟悉 R&D 项目的技术人员填写问卷。其主要发现如下。

（1）受访者的反应非常积极，同时受访者最重要的感受是 R&D 计划往往被忽略。

（2）问卷需要改进：给出更加清晰的定义，提供更多的案例，特定的时间和空间，澄清问题，需要开展第二轮调查。

（3）大多数企业从事应用研究和试验发展，而不是基础研究。

（4）各个企业 R&D 生产和管理的来源、结构不同。

（5）虽然企业能在这个框架内提供对服务寿命的估算信息，但是三个阶段的服务寿命概念应简化。

（6）企业难以估算典型的服务寿命长度，因此问卷中应清晰定义不同类型的 R&D。

（7）为提高服务寿命估算的准确性，应搜集不同类型 R&D 支出所占比重。

（四）日本和韩国的试点调查

日本和韩国是较早采集服务寿命数据的国家。虽然收集到的数据并不明确针对 R&D，还包括了一般无形资产，但可以获取有关服务寿命的数据。

日本的调查是由日本科学技术振兴机构开展。这项调查只针对专利，问卷包括获得专利特许权使用的时间长度，以及嵌入专利技术的产品产生利润的平均时间长度等问题（Goto and Suzuki，1989）。

韩国制造业和服务业创新调查中也包含了有关服务寿命的问题。这些问题涉及创新活动期间积累的知识的服务寿命，并且对产品创新和工艺创新做了区分。2005 年制造业调查问卷中的问题为：在 2002～2004 年间的创新活动中，从产品创新中积累到的知识的平均有效期为多少年？在 2002～2004 年间，从工艺创新中积累的知识的平均有效期为多少年？

由于创新概念比 R&D 定义宽泛，从调查中得到的结果不能用于估算 R&D 本身的服务寿命，除非 R&D 经费占创新经费的比例很大。然而，对调查做出反馈的调查对象数量表明，利用全面定期调查采集无形资产服务寿命的数据是可行的。例如，2005 年制造业调查显示，在一个大的样本量中，有 61% 的企业进行了相关的回应。各种估计平均寿命方法的比较见表 2 - 3。

表 2-3 估计专利平均寿命方法的比较

	问卷调查法	专利寿命法	专利寿命价值加权法	专利存活法
方法	调查问题，询问"典型的研发投资的预期收益"	使用来自专利管理系统的专利续费数据来估计专利申请后直到专利死亡（过期/失效）的年份数	用 PatVal 报告（Gambardella, Giuri & Mariani, 2005）中估计的专利价值加权补充专利分析。采用平均加权和未加权	Kaplan-Meier 生存方法检查所有专利在连续年龄的生存概率
覆盖面	目标总体是所有研发执行者，结果代表2011年英国企业研发的66%左右	在1986～2010年期间所有申请和/或获批的专利，包括已经死亡的		在观察期内死亡和未死亡的专利
优点	答案具体涉及研发。比专利数据更加前瞻（对变化的技术变革的速度更敏感）	可能比调查成本更低，实施时间更少。来自行政来源的数据而不是预期	理论上需要对更有价值的专利给予更大的权重	使用所有可用信息；死亡的专利和超过观察期的专利；方法内置到统计软件（例如 SPSS, STATA）；与只有死专利分析相比，减少了向下偏差
缺点	期望而不是观察；发生设计，测试，实施成本；获得结果需要时间；增加应答者负担	需要专利数据；滞后（对技术变化速度滞后）	需要专利数据；滞后于专利价值信息，仅仅有少数国家信息	
所需的关键假设	受访者可以对其多个研发项目进行平均，以提供有意义的答案。受访者代表所有研发	滞后于具有短期预期效益的不鼓励的专利知识；21年最大限度地减少了具有长期预期效益的专利；专利续订意味着剩余价值；但持有人可以默认续约（特别是持有许多专利的人），因为续期费用相对较低（最多600英镑）	假设专利代表 R&D；假设专利年龄与价值之间具有强相关性	假设专利代表 R&D
偏误的潜在来源	样本集中在较大R&D支出的单位，可能无法代表其他单位，受访者集中在5年、10年、15年	仅仅检验了观察期内死亡的专利，数据跨过24年，只有1990年专利可达到21年；随着数据保护时期延长，该问题下降	假设专利年龄与价值具有较强的关系；简单给予长寿命专利以高权重；高估平均服务寿命	检查增加降低偏误；最高21年强制性寿命将降低此影响；仍低于单独分析死亡专利的偏误

第五节　资本回报率

回报率或者收益率是确定使用成本的一个重要因素。在资本市场中，预期的资本回报率对应于风险调整后的市场回报。在私营部门和市场条件下估计收益率的一个有用方法是持有耐用品而不是金融债权的机会成本（Jorgenson and Yun, 2001）。用使用成本的机会成本来解释回报率可在更一般的层面，并可在市场和非市场环境中应用。

一、事前回报率与事后回报率

收益率是预计收益率，也称为事前回报率。在资本市场中，一般不能事前或者长期期望固定资产的回报率高于具有可比风险的替代投资的回报率。此外，实际的事后回报率可能与类似风险的投资的收益率不同。尽管不同类型的资产有不同程度的风险，各行业间也不尽相同，但是投资关注的是整个企业的经营，故企业内所有资产应该平等。同样投资关注同行业内的收益，因此，假设同一经济单位或同一行业中不同类型资产的回报率事前相同是合理的。从事后的角度来看，没有任何直接的理由可假设所有资产都产生了相同的实际回报率。尤其是资产的实现回报率不一定等于公司的整体利润率。因此，很难想象如何定义单一资产的实现收益率，除非有可识别其现金流量的独特资产。尤其是当多个资产共同使用时，概念就变得模糊，更不用说衡量每个资产的回报率。

因此，应该将事前或预期回报率与事后或实现回报率区别开，明确各行业之间的预期回报率可能不尽相同，这些差异反映了行业中所使用的资产组合不同以及行业特征不同。再者一般而言，很难定义和观察特定资产的预期回报率和实现回报率。因此，选择一个合适的回报率就需要考虑其用途。

选择的回报率是否合适，需要考虑国民账户的要求：资本服务价值的估计究竟是否能解释总营业盈余、总混合收入中的资本部分、相关的资本税？或者资本服务的估计是独立性的吗？因此还有增值的要素，此要素没有通过劳动和资本报酬来解释。[①] 需要分析事前测度方法和事后测度方法之间的区别，在事

---

① 该问题讨论的核心是：应该使用哪个 r？如果公司是净借款人，那么 r 应该是一个时期借入额外美元的边际成本，而如果公司是净贷款人，那么 r 应该是它在最后一次贷款时获得的一个周期利率。在实践中，r 被认为是：（a）可能或可能不适用于所考虑公司的外生债券利率，或（b）内部收益率。本书倾向于使用第一种选择，而有的研究者使用第二种。r 的选择对构造的资本总量有影响。

后测度方法中，应用实现的回报率，有两个实施途径，其中最常见的方法是内生事后测度方法：周期的内部回报率是令资本服务的估计价值完全对应于总营业盈余加总混合收入中资本所占份额。或者根据金融市场信息（如企业债券利率）中计算外生后期收益率。在事前测度方法中，要选择最好能反映经济人对投资所期望的回报率。资本服务的价值与总营业盈余加混合收入中资本所占份额之间不可能完全相等，从国民核算的角度也不方便，以至于奥尔顿（Oulton，2007）[①] 提出了混合方法。

二、内生回报率、外生回报率与混合回报率

内生的回报率，事后测度方法常见于实证研究。它假定资本服务的成本等于总营业盈余加混合收入中的资本份额。给定资本服务成本的价值、资本存量和折旧的价值，只有内部收益率一个未知变量，通过解方程可以求解得到回报率。

该方法具有很多优点，首先从理论角度来看，比较符合充分竞争和规模报酬不变的经济特征。其次从实践角度来看，计算比较直接的，可深入分析结果本身。由于内生利率是由系统产生的，此系统完全使用了体系所有的信息，结合资本存量估计，生成的回报率将在不同行业和时间上有差异。如果统计体系比较相对一致和准确，则其提供的信息将有助于估计各行业回报率的差异。

同时，内生回报率的选择也引起了其他问题，特别是在使用之前需要假设。首先由于资产是统计学家在编制国民账户时要求资产集必须完整。国民账户没有明确说明哪些生产要素是从总营业盈余中获得收入。固定资产当然是其中之一，但并不是唯一的。生产中使用的存货和大多数自然资源被认为是资本服务的来源。此外，还有知识产出资产的作用，因此，所有这些资产都至少占总营业盈余的一部分。但如果没有包括的其他资产也提供资本服务，内生收益率是根据在账户中固定资产计算的，则所得内部收益率可能会有偏差。另一方面，资产也不可能做到真正详尽无遗，故内生收益率可以解释为一个特定范围内的资产条件下的收益率，如果资产范围变化，收益率可能会发生变化。[②] 其次，必须假设完全预见性，使每个资产的事后回报率（指国民账户中企业利润率）等于

① OULTON, Nicolas（2007），"Ex-postversusex-antemeasuresoftheusercostofcapital", *ReviewofIncome and Wealth*, Series 53, No. 2（June），pages 295－317, 2007.

② 实际上，资产的范围很重要。有研究者（Diewert, Lawrence, 2000）测量加拿大的全要素生产率增长表明，忽视土地和存货使 TFP 增长率下降约 20%。在对日本的类似研究中，野村（Nomura, 2004）表明，日本的 TFP 增长率从 1960～2000 年期间的年均 1.54% 下降到土地和存货被省略时的 0.80%。

事前回报率，否则不能假定（风险调整）事后利润率在资产之间相等。最后，当资本服务的价值完全等于营业盈余，而当后者为负时，意味着某些资产的用户成本为负。即使是正的总营业盈余，内生回报率也可能是负的。

外生回报率的优点在于所需的理论假设比内生方法宽松。斯瑞尔（Schreyer，2007）表明，外生回报率不受未观察到的资产、不完全竞争和规模报酬不变的影响。此外，外生回报率可提供一种将收入与劳动、收入与资本之间的混合收入分开的手段。① 但是外生回报率方法也有一些缺点。首先，确定选择哪些收益率至关重要，特别是允许不同行业或部门之间收益率可变时，就更加复杂。尽管原则上必须选择反映行业特定风险的收益率，但理论上对于市场收益率的具体选择却缺乏指导。从实际的角度看，当金融市场不发达，或者受到严格监管时，很难确定外生收益率。也无法将预期包括在内。此外，如果预期名义收益率加折旧低于预期名义资产通货膨胀率，也可能发生经济上无意义的负使用成本。此时就要解释资产所有者继续持有的理由。

综合内生收益率和外生收益率，有研究者（Oulton，2007）提出的混合收益率方法是先计算事后内生收益率，然后用事前外生收益率作为事后回报率的趋势。该方法避免了外生回报率的选择问题，同时计算中保留了事前内生特征。

第六节　主要国家 R&D 核算经验和结论②

R&D 核算一直是国民账户体系重点关注对象和要解决的难题。尽管一些发达国家如美国已经着手对此进行了研究，但是直到 2008 年 SNA 的发布，R&D 才正式作为固定资本进入国民核算体系中，随后欧洲账户体系 ESA2010 也倡议欧洲各国将 R&D 视为投资，这加剧了 R&D 资本化核算的进程。2010 年底，经合组织（OECD）发布了 *Handbook on Deriving Capital Measures of Intellectual Property Products*（《知识产权产品资本测度手册》），为各国核算 R&D 固定资本形成提供了指导，这样就建立了 R&D 固定资本形成的基本核算方法，大部分发达国家如美国、法国、德国等在国民账户中直接将 R&D 核算为资本，或者开发了 R&D 卫星账户。2017 年朱发仓主译将 *Handbook on Deriving Capital Measures*

---

① 如果对机构单位对资本服务成本有独立的估计，就可以分清劳动力和资本报酬的份额。这种信息可以与个体经营者劳动收入的估计值进行比较。由于获得机构单位对资本存量和资本服务的信息非常困难，但至少有可能分析混合收入。

② 8th Meeting of the Advisory Expert Group on National Accounts, 29 – 31 May 2013, Luxembourg.

of Intellectual Property Products 翻译出版，为我国的 R&D 核算研究提供了更为坚实的基础。2016 年 7 月，中国国家统计局公布了我国的 R&D 资本化核算结果。

　　尽管在《知识产权产品资本测度手册》（经合组织，2010）发布之后，各国有了收集数据和方法的指导，但是在具体细节上仍有分歧和差异。于是经合组织国民账户工作组于 2011 年 10 月 28 日召开会议讨论分享知识产权产品服务寿命、折旧率以及核算方法的细节，决定发放问卷以调查最佳方法、各种数据源的可用性、R&D 存量核算数据源。很多改进可视为 2008 年 SNA 的延伸和支撑。

　　就所用的数据来看，尽管少数国家需要修改现有调查，但大多数国家不需要实施新调查。所用的主要数据基本上是来源于已有的 R&D 调查：例如，各部门 R&D 内部支出，各行业的 R&D 内部支出、行政管理数据，例如大学以及资助数据，银行记录、国际服务贸易统计、劳动收入统计（薪酬统计）、国民账户数据，如营业盈余和固定资本消耗、税收和补贴数据、价格指数等。

　　就各国的核算方法来看，基本上和 OECD 建议的方法类似，是基于对 R&D 内部支出进行调整获得 R&D 产出，然后进行进出口调整获得当年的 R&D 固定资本形成。调整过程见表 2－4 与表 2－5。对于数据比较充足的部门，可以采用表 2－6。但是某些国家仍然存在突出的问题，主要有无法向研究人员收集关于外部资金的信息，缺乏贸易利润、生产税、补贴以及存货变化的信息。在缺乏弗拉斯卡蒂的 R&D 数据情况下，一些国家采用历史调查和税收数据估计缺失部分。在存量估计和折旧估计时，所有的国家均采用永续盘存法，绝大多数国家采用几何折旧函数。所用的退役函数包括延迟线性、对数正态、威布尔和双倍下降比率，平均服务寿命则差异较大。各国在存量核算方法上的总结见表 2－7。

表 2－4　　　　　　　　　　计算 R&D 产出的步骤

起始点：各部门 FM 调查的 R&D 内部支出	
1. 使用许可和非 GFCF 复制许可的产出	加上使用许可费加上非 GFCF（不满足资产要求）复制许可费
2. 商品和服务（除 R&D）的中间消耗	减去知识产权产品（主要是 R&D 资产，如专利）的许可使用费
3. 自给型生产的软件的内部支出	减去自给型生产的软件（满足记录为 GFCF 的条件）的内部支出
4. 生产 R&D 过程中使用的 R&D 服务的中间消耗	加上应作为中间消耗的外部购买的 R&D（不是应作为 GFCF），仅适用科学 R&D 行业的市场生产者
5. 劳动者报酬	加上 FM 中不包括的研究生的报酬

起始点：各部门 FM 调查的 R&D 内部支出	
6. 资本服务成本	减资本支出，加资本服务成本（对非市场生产者仅固定资本消耗），包括对 R&D 产出有贡献的 R&D 资产
7. 其他生产税减补贴	加上 FM 中不包括的生产税，减补贴
	等于各部门的 R&D 产出

表 2-5　　　　　　　　计算 R&D GFCF 的步骤

起始点：各部门的 R&D 产出	
1. 加上 R&D 进口	包括 R&D 许可使用与复制的所有支出
2. 加上贸易加价	实践中可能为 0
3. 加上产品税减补贴	实践中可能为 0
4. 等于 R&D 总供给和总使用	
5. 减 R&D 的中间消耗	同表 2-4 的项目 4
6. 减不能提供利益的 R&D	实践中可能为 0，但是不满足 GFCF 要求的复制许可费用应该记录
7. 减 R&D 出口	不包括复制许可（满足 GFCF 的要求）的销售费用以及相关的早期生产的原件。这些销售时已经存在的资产，不含在产出中
8. 加国内部门之间的 R&D 净购买	净购买是 R&D GFCF
9. 减已完工 R&D 和在制品的存货变化	
等于各部门 R&D 的总 GFCF	
加/减资本账户中部门之间 R&D 资产的资本转移	

表 2-6　　　　　　　　R&D 核算部门用表

	项目	部门 1	部门 2	合计
1	中间消耗			
2	雇员报酬			
3	其他生产税			
4	其他生产补贴			
5	总营业盈余			

续表

	项目	部门1	部门2	合计
6	其他重复与遗漏调整			
7	其他调整			
8	合计＝产出			

表2-7　主要国家R&D资本核算所用的平均服务寿命、退役函数和折旧模式

国家	方法	平均服务寿命	折旧模式	退役函数
澳大利亚	PIM	基础研究13年、应用研究11年、实验发展9年	几何	延迟线性
比利时	PIM	10年	几何	双倍递减
加拿大	PIM	6.2年	几何	
捷克	PIM	8年	线性	对数正态
丹麦	PIM		几何	
芬兰	PIM	各行业差异大	几何	
德国	PIM	10	线性	
爱尔兰	PIM	在调查中		
以色列	PIM	10	线性	正态
意大利	PIM	10	几何	双倍递减
荷兰	PIM	12年，化学15年	Winfrey	Weibull
新西兰	PIM	10		
挪威	PIM	10		
葡萄牙	PIM	10	线性	推迟线性
斯洛伐克	PIM	10		
斯洛文尼亚	PIM	10	几何	双倍余额
瑞典	PIM	10	几何	双倍余额
英国	PIM	4.6年	几何	威布尔（Weibull）

资料来源：OECD. Second Task force on the Capitalization of Research and Development in National Accounts. http：//www. oecd. org.

　　由于软件中也有 R&D，因此 R&D 资本化核算需要考虑重复计算的问题。各国对此都在考虑或者尽量想办法来减少重复计算。重复计算的严重性在各国之间差异较大，有些国家不成问题，而有些国家则是大问题。用于估计重复计算的方法主要有：一是使用软件行业总雇员数量信息，比如软件开发人员与总研究人员之比，将就业数据与报告单位同级的 R&D 人员数据进行比较，确定重复计算的程度；二是在调查中增加问题或者使用汇总检查；三是使用历史比率或者扣除比例，比如 10% 或者 50% 的用户生产的软件；四是针对重复计算突出的行业，重点调查；五是使用产品领域的调查信息。

　　为了确保各国的数据具有可比性，堪培拉工作组在 2013 年会议上提交了最终报告，提出了 8 条建议，并且指出短期内不需要进行概念上的更改和变化。

　　（1）应确保商定 R&D 调查表的数据与国民核算数据之间的完全一致性。工作组商讨制定了一套供各国强制性使用的 R&D 调查表格，这些表格可用作数据源和国民账户之间的桥梁，基本内容同表 2－4、表 2－5 和表 2－6。特别是表 2－4 和表 2－5 涉及 R&D 产出的计算。当执行部门拥有详细的信息时，可填写表 2－6，其他情况下可填表 2－4。应确保这些调查表数据与国民核算数据之间的完全一致性。

　　（2）在 R&D 存量可获得之前，R&D 资本生产过程中消耗的 R&D 资本服务不必考虑在内。因为用 PIM 方法计算研发服务（R&D 产出）生产中的固定资本消耗时，需要估算所有固定资产的消耗，包括用于生产新研发的现有研发资产。由于大多数国家尚未提供 R&D 资本存量，工作组建议目前可不考虑研发服务生产的过程中的研发资产的消耗。

　　（3）建议使用投入法计算 R&D 物量。鉴于确定研发的产出单位存在困难，而且没有单位价值指数，工作组建议对研发的物量计算是采用投入法。

　　（4）建议使用几何折旧函数计算研发资本消耗。工作组建议各国使用几何折旧函数计算研发资产固定资本消耗，已经用了其他方法的国家可沿用已有的方法。

　　（5）由一个研发机构单位分包给另一个研发机构单位的研发服务应记录为中间消耗。

　　（6）政府对知识产权产品（IPP）的所有支出，包括免费提供的研发，如果满足 IPP 使用期一年以上的条件，则应记录为固定资本形成。在填写调查表时，一些国家将一部分免费提供的 R&D 从投资中排除。工作组对这种处理的正当性进行了深入讨论，最后认可 ESA95 审查小组的务实决定，将所有可用于生产一年以上的免费提供的研发也视为资产。

（7）R&D 市场生产者的净营业盈余（作为资本回报的参考）是以包括不成功 R&D 在内的基础上加价获得的。加价的获得方法可以按特定行业计算，或所有行业进行单一加价，为了确保加价时间序列的稳定性，应使用几年的平均或加权移动平均值。理想的情况，平均技术应当与用于计算资本消耗的参数一致。然而，在实践中，未必存在长时间序列，因此也应当允许有限时间跨度的简单平均。

（8）计算 R&D 资本时使用的平均服务寿命的估计应基于专门调查或其他相关研究信息，包括具有可比市场/行业特征的其他国家的信息。如果没有这些信息，应保留 10 年的平均使用寿命。还建议对上述服务寿命估计值进行定期调查，例如每 10 年调查一次。

从各国的估计结果来看，R&D 资本化对 GDP 的影响，各国之间差别不一，并且范围较大，占 GDP 的 0.5% ~ 3.5%，平均占 GDP 之比为 1.7%。

第三章 R&D 资本测度基本理论框架

第一节 R&D 资本运行过程及核算内容

一、资本在国民账户系统中的作用

分析资本在国民账户系统中的作用时，要明确商品和服务的数量必由相应数量的货币流相匹配。在最简单的只有消费者和生产者的情况下，基本交换是在劳动（工作时间）和消费者产品之间。这些市场交换，为生产者带来收入和成本，为消费者带来支出和劳动收入。劳动力流入生产部门和消费品流出生产部门，对该生产过程的分析是许多经济问题的核心。

但劳动不是生产过程的唯一投入，资本也是一种投入要素。资本为生产过程提供服务，当资本的使用者从资本所有者中租用一个或多个时期时，租金就是这些服务的报酬。通常情况下使用者和所有者是同一个经济单位。此时资本服务虽然发生于经济单位内部，但它仍然存在，故应该进行测度以供分析。在资本服务内部流动的同时，可以设想以资本服务价格的形式对这些服务进行内部支付。

还有另一个资本发挥作用例子，它涉及资本作为价值储备。生产者向消费者寻求资金并购买资本商品。后者通过将其储蓄交由生产者支配而投资于资本商品，反过来生产者以利息或股息，即资本收入的方式补偿消费者。资本的财富方面也是资产负债表的来源——在给定的日期，所有资产，金融的和非金融的，应出现在拥有者的资产负债表中，以提供经济财富的全面概览。

二、R&D 资本核算的内容

资本统计核算是国民账户的重要组成部分，因此 R&D 资本核算应充分考虑国民账户的要求，尤其是未来改进的需要。其次作为资本的 R&D，应有与其他资本核算相一致的资本计量方法，包括存量核算方法和流量核算方法。

弗拉斯卡蒂手册 2015 定义的 R&D 是"为了增加知识存量（包括人类、文化和社会知识）和开发现有知识的新用途而进行的创造性和系统性工作"。从此定义可以看出，R&D 生产包括两个方面：一是通过创造性的工作，产生 R&D 成果；二是开发现有知识新用途而产生的 R&D 成果。这两个方面都增加了全社会的资本存量总额，他为生产过程提供生产要素，这就是 R&D 资本的使用。因此，R&D 资本化核算应包括 R&D 生产（供给）核算和 R&D 使用核算两个方面的内容，从价值量表现形式又可分为现价价值量和可比价价值量两种形态，从部门分布来看可分为各机构部门的供给和使用。

（一）机构部门的调整

弗拉斯卡蒂手册和国民账户对于经济部门的分类方法是不同的，① 我国根据统计单位的性质，前者分为工业企业、研究与开发机构和高等学校三类，而国民账户的机构部门则分非金融企业部门、金融机构部门、政府部门、住户部门和国外部门。因此，R&D 资本化核算首先的问题是部门的调整问题。

为了在国民账户中将 R&D 资本化，需要将 R&D 统计的机构部门调整为国民账户的机构部门。由于研究与开发机构是各级政府所属的非营利性事业单位，故将其归为政府部门。我国目前高等教育部门都受管辖于教育主管部门，且绝大多数是政府所属的非营利性事业单位，尽管少量民营、非事业单位的高等教育部门也开展了 R&D 活动，但所占份额很少，因此将高等教育部门也归入政府部门。这样，就将 R&D 统计的机构部门简单分为国民账户的两类：企业部门和政府部门。

（二）R&D 资本供给核算：投入、产出、资本形成与存量

在 2008 年 SNA 的资本账户中，非金融资产价值净变化由资本形成总额、固定资本消耗和非生产非金融资产的获得减处置三项构成，其中前者又是后面两个的基础。而资本形成总额又是以固定资本形成总额、存货变

---

① 国际上 SNA 的机构部门分为非金融企业、金融企业、一般政府部门、为住户服务的非营利机构、住户部门和其他国家；弗拉斯卡蒂手册则分为企业部门、政府部门、私人非营利性机构部门、高等教育部门和国外。

化和贵重物品获得减处置的总价值来度量的，因此资本核算首先要面临的是如何估计固定资本形成总额。也就是每年新增的可供以后使用的部分，这就是 R&D 资本供给。从供给来源看，当年 R&D 固定资本形成由国内 R&D 生产和进口两部分组成。

国内 R&D 固定资本形成是核算国内各机构部门实施 R&D 活动创造的资本价值，也就是核算当期形成的，可供以后使用的 R&D 固定资本的价值。根据是否剔除价格因素，可分为现价 R&D 固定资本形成和可比价 R&D 固定资本形成，因此，R&D 缩减价格指数也是重点内容。

按照 R&D 成果去向，可将 R&D 国内生产分为自给性生产和出售性生产。前者是指 R&D 生产的成果由其经济所有权单位自己使用，后者是 R&D 生产的成果出售给其他的单位。因此，R&D 国内生产具体可分为企业部门的自给性 R&D 生产、企业部门的出售性 R&D 生产、政府部门的自给性 R&D 生产、政府部门的出售性 R&D 生产。R&D 进口包括企业部门的 R&D 进口和政府部门的 R&D 进口。

各部门的 R&D 固定资本形成与非 R&D 固定资本形成一起组成了国民账户中的固定资本形成，是 GDP 的组成部分，也是资本账户的主要且重要项目。

（三）R&D 资本使用核算：资本消耗与资本服务量

R&D 使用核算也就是 R&D 需求核算，而且 R&D 成果在使用过程中，不再作为中间使用，而是作为固定资产，以资本服务的方式参与新生产过程，这一点与其他固定资产的作用和性质类似。故需要研究历年的 R&D 固定资本形成积累为 R&D 资本存量，并在生产活动中计提 R&D 资本折旧[①]的过程，资本用于生产过程的资本服务量也是必须估计的内容。

R&D 资本存量总额是按照实际的或者估计的同类型资产现期购买者价格估价的、所有仍在使用的 R&D 固定资产的价值。R&D 资本存量净额是某一时点上以相同种类的新 R&D 资产的价格计算的价值减去到这一时刻累计的 R&D 固定资本消耗的价值。需要估计企业部门的 R&D 资本存量净额和政府部门的 R&D 资本存量净额。R&D 资本存量净额是资产负债表的具体登录项目，R&D 资本折旧（消耗）与其他资本折旧是生产账户的重要部分，也是 GDP 的组成部分。

---

① 本书不区分固定资本折旧和固定资本消耗。

第二节　R&D 资本化核算边界、条件及范围

一、国民账户中资产的定义及边界

2008 年 SNA 把资产定义为："资产是一种价值储备，代表经济所有者在一定时期内通过持有或使用某实体所产生的一次性或连续性经济利益。它是价值从一个核算期向另一个核算期结转的载体"（2008 年 SNA 第 10.8 段）。这个定义对知识资产包含三层含义：首先一项知识资产的价值是由给其所有者带来的累计经济利益决定的。这意味着任何单位的其他利益都不包括在该资产的价值中；其次定义指的是经济所有者而不是法律所有者。大多数情况下，两者是相同的，但是专利的法律所有者通过发布使用许可（或出租），转移经济所有权也是很常见的现象；最后资产是把价值从一个核算期结转到另一个核算期的载体。这意味着该知识资产能够产生预期超过一年的收益。进一步，2008 年 SNA 将固定资产界定为核算期内生产活动生产出来的并在生产活动中反复或连续使用一年以上的资产。

在测算 R&D 固定资本形成总额时，关键在于区分一项支出是属于资本性支出还是中间消耗，IPP 手册建议，对于小型支出，如用户自用型软件的开发，可视为消耗。除此之外，有四种特殊情况会在识别时造成困难，分别是维护和修理、使用许可证、复制许可证以及知识产权产品生产过程中使用的其他知识产权产品资本。

（一）维护和修理

2008 年 SNA 将普通的、定期的保养和维修定义为中间消耗，把可提高性能，或可提高资产的预计使用年限的，根据资产的状况作出的不定时的重大整修定义为固定资本形成。

知识产权产品资本不会出现磨损或其他形式的物理退化，但是由于种种原因，他们可以被改进或扩展。原则上，任何改善资产性能或者延长资产服务寿命的改进或扩展都应记录为固定资本形成。因此，对原有知识产权产品资产所进行的大量的、有计划的改善应记录为固定资本形成，而次要的、无计划的改进记录为中间消耗更恰当，但是难点在于实践中很难识别这些扩展。

（二）使用许可证和复制许可证

在开放式创新环境下，与知识产权相关的交易越来越频繁，而且转让的类型和方式也很复杂，比如专利权既可以转让所有权也可以转让部分使用权，专利使用权的转让又可以分为独家许可、独占许可和普通许可，可以地域性转让，也可以是某一段时间转让。其他产品，例如计算机软件，有两种使用形式：第一种是原件或"原版拷贝"；第二种是把原件制成复制品，再将复制品提供给其他单位。复制品可以直接出售，或者由其他单位通过许可而获取复制品。

2008 年 SNA 认为如果一件被直接出售的复制品能够满足条件：它被用于生产的时期会超过一年，就可将其视作固定资产。对那些需要使用许可才可获得的复制品，如果它们也能满足条件：它被用于生产的时期会超过一年，且许可证持有者承担了与所有权相关的一切风险和报酬，那么也可将其视作固定资产。实践中又可根据付款情况：一次性付款、长期合约分期付款、无长期合约分期付款〔服务费，资本形成（大笔支付）＋服务费〕进行细分。

（三）知识产权产品中包含的或者生产过程中使用到的其他知识产权产品资本

决定是否应记录为固定资本形成总额或中间消耗的一般原则是：（1）如果预计在一年或一年以内消耗尽的产品应记录为中间消耗；（2）如果产品被包含在另一个特定的知识产权产品中作为其一部分，应记为中间消耗；（3）如果预期在生产中重复、持续地使用一年以上，则记录为获得的一项固定资产。

总体来讲，IPP 手册建议作为一般规则，无论是购买的，还是生产供自己使用的知识产权产品，如果它们预计将为所有者带来经济利益，那么它们的所有支出都应记录为固定资本形成总额。

二、R&D 资本核算的条件

2008 年 SNA 中的资产是一种价值储备，它代表经济所有者在一定时期内通过持有或使用某实体所产生的一次性或连续性经济利益，它是价值从一个核算期向另一个核算期结转的载体。将此定义应用于 R&D，可知 R&D 可以资本化的范围要同时满足下列三个条件：经济所有者条件、经济利益条件和长期性条件。

（一）经济所有者条件

该条件指的是一项 R&D 要想资本化，必须归属于某个经济所有者。所谓的经济所有者是指由于承担了有关风险而有权享有该实体在经济活动期间内运作带来的经济利益的机构单位。换句话说政府部门、企业部门、非营利性机构等机构部门作为 R&D 资本的经济所有者，要拥有能够有效管理和控制 R&D 产出以确保预期收益的权利，也就是要拥有经济所有权。拥有经济所有权最好的途径是法律赋予，常见的法律依据是知识产权保护法，即机构单位以申请专利、申请著作权，或在期刊杂志上公开发表自己的 R&D 成果，根据知识产权保护法，该项资产的所有权就理所当然地归属申请者所以。但是在申请专利、著作权或公开发表时，往往需要付出代价，如申请专利时要缴纳申请费，获得授权后要缴纳年费，出版时要支付版权费，印刷费等。甚至比较昂贵的代价，比如专利受保护年限越长费用越高。因此，当此种申请法律保护的费用超过所有人的预期时，往往倾向于不寻求法律保护，对于这些缺乏法律保护的 R&D 成果，可以做出这样的合理假设：如果该 R&D 成果是自己生产出来供自己使用的，那么生产者就是经济所有者，如果该 R&D 成果出售或者出租，那么购买者就是经济所有者。

在明确了经济所有权后，R&D 是否可以资本化的问题就变成了该资产是否能为其经济所有者带来经济利益，若能够带来经济利益，那么就应该资本化，否则就不能资本化。当然该经济利益一定是经济所有者拥有的那部分，由于知识外溢导致非经济所有者拥有的收益，不在资本核算范围之内。

（二）经济利益条件

该条件指的是一项 R&D 要想资本化，必须要能为其经济所有者带来经济利益。这里的经济利益是指通过一种行为产生的收益或正效用，它意味着要在两种状态之间进行比较，经济利益可以视为提供服务的报酬，也可以视为获得货物服务（用于当期或未来的生产、消费或积累）的手段（2008 年 SNA 3.19 段）。企业部门通常不是无私的，总希望获得 R&D 成果的所有经济利益，也就是收益，因此满足经济利益条件，这一点容易理解。但政府部门，包括政府控制的非营利性机构和高等院校，他们实施 R&D 有着更为宽泛的目的，哪些属于经济利益呢？

从社会经济目标的角度，弗拉斯卡蒂手册将 R&D 分为 12 类：（1）地球探测与开发；（2）基础设施和土地利用的总体规划；（3）环境的治理和保护；

（4）人类健康的保护与改善；（5）能源的生产、分配和合理利用；（6）农业生产与技术；（7）工业生产与技术；（8）社会结构与关系；（9）空间探测与开发；（10）非定向研究；（11）其他民用研究；（12）国防。

从严格意义上讲，政府可以从以（1）～（5）、（8）、（12）为主要目标的 R&D 活动中获得经济利益。（6）和（7）主要是由企业部门实施，经济利益主要归企业部门所有。（9）和（10）很难说有直接的经济利益。因此，对政府及非营利性机构部门来讲，可以把 R&D 分成两类：一类是可计入固定资本形成总额的部分，即社会经济目标的（1）～（5）、（8）、（11）和（12）；另一类可计入最终消耗额的部分，即社会经济目标的（6）、（7）、（9）、（10）。但是遗憾的是，尽管目前科技统计年报表中有关于社会经济目标的调查内容，却没有公布与之相关的数据。即使是经合组织内也只有一半的国家公布了此项数据。因此根据数据可得性不得不转向其他方法。

另一种方法是从 R&D 的三种类型（基础研究、应用研究和试验发展）出发。应用研究和试验发展都有明确的实际目的或者目标，基本上是有企业部门实施的，因此满足经济利益条件。困难在于基础研究是否满足经济利益条件，基础研究是一种实验性或理论性的工作，主要是为了获得关于现象和可观察事实的基本原理的新知识，它不以任何特定的应用或使用为目的，根据是否存在具体的研究方向，可细分为导向型基础研究和纯粹型基础研究。对于纯粹型基础研究，它不以创造经济和社会利益，或者积极应用研究成果解决实际问题，或将成果转移到可以应用的领域为目的，因此也就谈不上满足经济利益条件，因此不具备资本化的条件。由于导向型基础研究旨在扩大知识的基础，其研究成果可以构成解决现在的、预期的、未来的或者可能出现的问题的基础，我们认为如果政府部门实施或资助的 R&D 领域直接涉及生产，那么就意味着目的是为了增加产出或者降低成本，是满足经济利益条件的，可以将其资本化，如果不直接涉及生产，很难说存在经济利益，也就不能资本化。

（三）长期性条件

该条件指的是 R&D 资本的寿命要超过一年，这也是固定资本形成与中间消耗的界限。2008 年 SNA 将普通的定期的保养和维修作为中间消耗，将可提高性能或资产使用年限的，不定时的重大修整作为固定资本形成。尽管 R&D 的知识不会像物质资本那样磨损或物理退化，但也会因更先进的技术而退化。因此大量的、有计划的改进或扩展对于 R&D 而言是一种常态。这种大量的、有计划的改善支出应该记为固定资本形成，相对次要的、无计划的改进记为中间消耗比较恰当。此外 R&D 资本的另一种情况是使用许可（*licences to use*）和复制许可（*licences to reproduce*），如果购买后预计使用期限超过一年，就应该记为资本形成。但是科学技术服务业中专门生产知识产权产品且用于出售的单位，他们的使用许可和复制许可应记为中间消耗，从外部购买的，且包含在待售产品中的 R&D（如某手机公司购置外单位的摄像头技术）也应记为中间消耗。

三、基础研究与 R&D 溢出的资本化问题

R&D 研究与试验发展是指为了增加知识储量而在系统的基础上进行的创造性工作，包括有关人类、文化和社会的知识，以及利用这些知识储备来设计新的应用，FM 定义的 R&D 可包括三类，即基础研究、应用研究和试验发展，不同类别的 R&D 具有不同的目的，因此需要特别讨论基础研究的资本化符合性以及 R&D 溢出的资本化符合性。

（一）基础研究

基础研究是一种实验性或理论性的工作，主要是为了获得关于现象和可观察事实的基本原理的新知识，它不以任何特定的应用或使用为目的。基础研究还可以分为定向基础研究和纯基础研究，纯基础研究的目的是推进知识的发展，不考虑长期的经济利益或社会效益，也不是为了将成果应用于实际问题或把成果转移到专门进行应用的部门。定向基础研究（Oriented Basic Research）是为了能创造和积累广泛的知识基础，用以解决已知的或者预期的当前、未来可能出现的问题。从实施基础研究的目标角度来看，基础研究不具备资本化的前提条件。

显然，很难说这两类基础研究什么时候才能为其所有者带来经济利益。既然如此，为什么许多大集团公司依然还资助或者开展基础研究性的研发项目呢？反过来看，如果仅仅依靠应用研究和试验发展，技术进步会仅仅局限于已有的技术，进步的速度也会大大降低，技术跳跃也仅仅会偶尔发生。资助或者开展基础研究的机构确信尽管短期内很难有明显的经济利益，甚至会给其他单位带来福利，但是长期来看，某些基础研究能够带来巨大利益，足以弥补和超过其前期成本。同样，社会科学研究也是如此。最后，从实用主义的角度，知识产权测度手册建议"所有 R&D 产出都应当处理成资本，不管其类型"。

就浙江省的实际情况来看，由于 R&D 统计中并没有基础研究、应用研究

和试验发展的分类数据，而基础性研究一般由高等院校进行，按照执行部门分类，2014 年高等院校 R&D 经费为 47.28 亿元，占比为 5.79%，即便是将高校的研究核算为资本，影响也有限。

类似地，由于 R&D 具有极大的风险性，一般情况下将失败的 R&D 记录为成功 R&D 的成本的一部分，故失败的 R&D 也应记录为资产。

（二）R&D 溢出

对溢出的处理是争议较大的地方之一。观点差别集中在：可免费获得的 R&D 成果是否应该核算为资本。焦点之一是政府和非营利性机构（NPIS）资助或者生产的 R&D 成果。政府和非营利性机构生产和提供的非市场服务，比如健康和教育，面向公众开放，因此，其所有权的归属是有争议的，实际上，赞成和反对将之视为资产都有理论根据，2008 年 SNA 从实用主义的角度，认为视为资产比较合适。①

除了被其法律所有者转让（比如专利许可），R&D 成果也可能以其他的方式被非生产者获得，比如公开出版、商品出口、参观应用了 R&D 知识的生产线等等。这种情况下 SNA 并不记录为交易。此外，对于政府或者非营利机构开展或者资助的 R&D，尽管能够带来利益，一旦其被传播出去，就不被任何特别机构拥有。也就是说无法实施所有权，也就无法满足资本的定义。

也有人认为，没有实施所有权的事实并不改变 R&D 的资本本质，尽管不太可能在经济个体之间分配 R&D 的资本服务量，但是这些数量对于分析整个经济的生产过程是非常重要的。因此，应该改进资本的记录指导原则，把这些 R&D 在独立的目录下记录为资本。他们认为这与公路之类的公共资产类似，其服务是免费提供的，也认为是资产，一般来说，政府具有所有权，服务于生产和提供福利。如果公路作为公共资本能够被接受，为什么此类 R&D 不能呢？

溢出实质上涉及 R&D 的社会收益问题，成功的 R&D 会很快传播到其竞争对手中，甚至国外。斯维考斯卡斯（Sveikauskas，2005）在药物开发的例子中说明了这种现象。经研发于 1987 年率先推出他汀药物后，其他企业跟进并开发新型他汀药物，斯维考斯卡斯认为，即便后续跟进的公司控制了市场，我们也不能忽略第一个企业的 R&D，正是在他提供了大量社会收益的基础上，才使得跟进公司获得了大部分的私人收益。

---

① 类似地，SNA 将不成功的 R&D 视为资产，但同时明确不带来经济利益的 R&D 应视为中间消耗。

在综合了各方的意见后，SNA 最后支持将政府和非营利性机构的 R&D 资本化，[1] 但是同时认为企业仅获得 R&D 收益的一部分（另一部分是溢出）是很普遍的，因此，仅仅将这部分记录为资产，溢出不应该视为资产。[2]

第三节　R&D 资本卫星账户逻辑框架

假设经济部门只有消费者和生产者的简化情况下，基本交换发生在劳动（工作时间）和消费品之间。通过劳动力市场和消费品市场的交换，为生产者带来收入和成本，为消费者带来支出和劳动收入。劳动力流入生产部门和消费品流出生产部门并进入消费者部门，这个生产过程是许多经济问题的核心。如同劳动的作用一样，资本也是投入要素，也为生产提供服务。资本使用者从资本所有者租借并支付租金，即为资本服务的报酬。然而，资本使用者和资本所有者往往是同一个经济单位，此时资本服务存在于经济单位内部。因此可以想象资本服务在内部流动的同时，也以资本服务的租金形式对其进行内部支付。资本还可以价值储备的形式服务于生产过程，消费者的闲余资金形成储蓄，生产者从储蓄中寻求资金以购买资本品，并以利息或股息支付报酬，对消费者而言就获得了资本收入。从这个角度讲，资本的财富作用就是资产负债表的编制依据。

近年来我国经济发展中积累的一些突出矛盾和问题，特别是在资源环境红利和人口红利逐渐减少的情况下，技术进步对于提高劳动生产率、提高资本和资源使用效率具有非常重要的作用，因而成为我国经济发展的驱动因素和提高经济增长质量和效益、实现转型升级的重要手段。R&D 作为推动技术进步的主要方式，产生了大量的可供以后使用的知识产权产品，当年新增的、可供以后使用的 R&D 资本，就是 R&D 固定资本形成。[3]

历年 R&D 投资（即 R&D 固定资本形成）积累起来形成的 R&D 资本存量，是经济所有者可使用的资本财富，经济所有者将之用于生产活动以获得收

---

① 实际上，将非市场部门的 R&D 视为资本仍然是有争议的，最终是从实用主义的角度确定的。最初 OECD 工作组建议按照社会经济目标决定是否将非市场部门的 R&D 支出处理为固定资本形成，但是鉴于对非市场部门的经济利益仍有争议，一般 OECD 国家的 R&D 数据不足以估计社会经济目标，因此，SNA 没有接受此建议。

② Canberra II 组最初建议溢出的 R&D 也应该记录为资本，记录为原件所有者的平衡项，认为是其提供的免费服务。

③ 也可将其称为 R&D 投资。

入，因此可以从收入/财富的角度测度任一时点的技术储备与知识财富，这就是资产负债表所描述的内容，为此需要 R&D 资本存量指标，包括 R&D 资本存量总额和 R&D 资本存量净额。经济学家们已经证明技术进步是提高资源使用效率和劳动生产率的重要途径，而 R&D 是促进技术进步的主要方式，因此 R&D 资本服务如何影响生产活动，特别是如何影响生产率越来越受关注。因此将 R&D 资本服务纳入国民账户是非常有必要的，而且资本服务可以与国民账户中折旧的确定方法结合起来，在统一框架内对改进 R&D 资本核算方法和数据进行深入分析。

这样，我们可以从收入/财富、生产/生产率两个角度建立 R&D 资本测度综合体系，这两个角度对应的指标如表 3 - 1 所示。从两个角度刻画 R&D 资本，需要引入能描绘资产的生产效率随着役龄增加而损失的情况，这就是役龄—效率函数。历史投资流量经过退役和生产效率损失纠正后，其累积的价值就是生产性存量，生产性资本存量服务于生产过程就产生了资本服务。由役龄—效率函数可导出役龄—价格函数，历史 R&D 投资在不同役龄下，经过价值重估就可得到资本存量净额以及相应的资本消耗。这些都是资产负债表的登录项目。

表 3 -1   **R&D 资本测度的两个角度**

	收入/财富的角度	生产/生产率的角度
基本流量	投资	投资
按照不同役龄对资产进行汇总	折旧函数（役龄—价格函数）	役龄效率函数
得到每类资产的存量	按资产类型的净资本存量	按资产类型的生产性资本存量
得到流量	折旧（资本消耗）	按资产类型的资本服务
按照资产类型进行汇总	市场价格	资本服务价格
得到存量	净资本存量总额	每类资产的生产性资本存量
得到测度	资产负债表项目、国家财富、收入的净测度	资本服务

因此，从收入/财富、生产/生产率两个角度测度 R&D 资本，应该以 R&D 投入为起点，通过退役模式、役龄—价格函数价格矫正及役龄—效率函数的效率矫正，就可以得到 R&D 存量指标，用使用成本对生产性资本存量加权，就得到资本服务量。故完整且综合的 R&D 资本测度应如图 3 - 1 所示，图中 *SA* 表示卫星账户的子表，共 10 张表。

（1）各执行部门、各行业、各地区的 R&D 投入表，即 R&D 内部支出表 *SA* 1；

（2）各执行部门、各行业、各地区的 R&D 产出表 $SA\,2$；

（3）各执行部门、各行业、各地区的 R&D 固定资本形成表，或者称为 R&D 投资表 $SA\,3$；

（4）R&D 价格缩减指数表 $SA\,4$；

（5）各执行部门、各行业、各地区的 R&D 资本存量净额表 $SA\,5$；

（6）各执行部门、各行业、各地区的 R&D 资本消耗表，或者 R&D 资本折旧表 $SA\,6$；

（7）各执行部门、各行业、各地区的 R&D 资本存量总额表 $SA\,7$；

（8）各执行部门、各行业、各地区的 R&D 生产性资本存量表 $SA\,8$；

（9）各执行部门、各行业、各地区的 R&D 资本服务量指数表 $SA\,9$；

（10）描述 R&D 资本化前后国民账户核心指标变化情况的表，可称为 $SA\,10$。

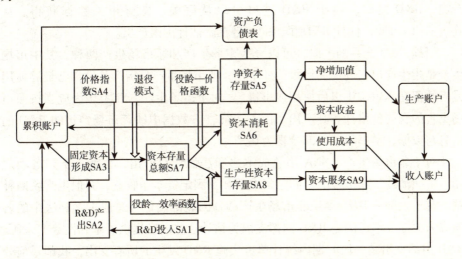

图 3 –1　R&D 资本卫星账户核算逻辑框架

第四节　R&D 产出及其固定资本形成总额核算

R&D 资本核算的起点由 R&D 投入产生 R&D 产出，进而形成可供以后使用的固定资本开始。然而目前我国仅仅统计了 R&D 内部支出，尚未核算 R&D 固定资本形成，因此需要首先估计 R&D 固定资本形成。国民账户中的固定资本形成总额就是生产者在核算期内获得的固定资产，减去处置的固定资产，再加上对附着于非生产资产价值上的某些服务的特定支出。因此理论上，估计全社会 R&D 资本固定资本形成总额需要分别估计各实施单位一定时期内分别获得和处置的 R&D 固定资本金额，然后加总，这种方法称为微观调查法。另一种方法是从宏观的角度，根据供需平衡关系求解。

一、R&D 产出估计

一段时期内 R&D 资本总供给由 R&D 使用许可、非固定资本形成 R&D 复制许可的产出和 R&D 国内生产的产出和进口组成，即：

$$R\&D_t^{Supply} = R\&D_t^{output} + R\&D_t^{import} \tag{3-1}$$

其中，$R\&D_t^{Supply}$、$R\&D_t^{output}$、$R\&D_t^{import}$ 分别表示 R&D 供给、R&D 国内生产的产出、R&D 进口。由于 R&D 进口可以从海关、央行相关数据获得，从式（3-1）可知，估计 R&D 供给的关键在于估计国内产出。

根据 R&D 产品的去向，可以分为市场生产和非市场生产两种，其中市场生产是指生产出来的产品销售给外单位，非市场生产是指产品供自己最终使用或者暂留在本单位供以后使用或出售。[1] 对于市场生产，SNA 认为应当按照市场出售的合同价格计算其产出。由于当前官方数据中缺乏市场销售的 R&D 的信息与数据，本书将这一部分视为 0。[2]

对于非市场生产，SNA 用总成本之和法估计总产出，也就是下列各项之和：中间消耗、雇员报酬、固定资本消耗、固定资本净收益、其他生产税减补贴。鉴于大部分 R&D 属于非市场生产的，因此准确估计总成本之和法中的各项成为关键。幸运的是 R&D 内部支出为估计这些内容提供了基础性数据来源。R&D 内部支出是一段时期内统计单位实施 R&D 发生的所有支出，我国目前分为日常支出和资本性支出两种，其中日常支出又可分为人员劳务费和其他日常支出，资本性支出分为土地和建筑物、仪器和设备。雇员报酬与中间消耗的范围及内涵同日常支出（人员劳务费、其他日常支出）非常类似，差别在于国民核算意义下的中间消耗是按照购买者价格计算的，因此应加上 R&D 内部支

---

① 知识产权产品测度手册将 R&D 产出分为三类：客户定制的（custom-made）、供自己最终使用的（own account）和投机的（speculation production）。其中，客户定制的 R&D 通常是依据合同为其他单位生产，相当于本书的市场生产；供自己使用的 R&D 是由内部生产且内部使用，投机的 R&D 是指自筹经费进行研发，不供内部使用，也没有预先的买家，这两项相当于非市场生产。

② 尽管我国目前的技术市场成交记录日益完善，但是存在两方面的问题：一是该成交额属于登记成交，即未登记的无法统计；二是在报表中对于 R&D 的甄别缺乏相应的资料。

出中不包括的生产税减去补贴的部分。同时需要计算各类资本性投入相应的固定资本消耗和固定资本净收益。这样 R&D 产出[①]可表达为：

$$R\&D_t^{output} = R\&D_t^{in} + R\&D_t^{tps} - \sum_a I_t^a + \sum_a COFC_t^a + \sum_a R_t^a \quad (3-2)$$

即：

$$R\&D_t^{output} = \left(C_t + \sum_a I_t^a \right) + R\&D_t^{tps} - \sum_a I_t^a + \sum_a COFC_t^a + \sum_a R_t^a$$

$$(3-3)$$

其中，$R\&D_t^{in}$、$R\&D_t^{tps}$ 为 R&D 内部支出和生产税减补贴，C_t 为 R&D 日常支出，I_t^a 为对资产 a 的资本性支出，$COFC_t^a$ 为对资产 a 的消耗，R_t^a 为资产 a 的收益。

二、R&D 固定资本形成估计

产品的使用通常包括最终消费、中间消耗、出口、固定资本形成和存货变化。对于 R&D 资本的使用来讲，最终消费主要是指住户的 R&D 资本最终消费，但是使用量很少，也缺乏统计数据，国际惯例一般忽略此项。同样，由于数据缺乏，国际上也忽略 R&D 资本的中间消耗。鉴于 R&D 实施过程中就促进了社会知识存量的增加，因此目前国际上在 R&D 资本发生时就记为资本形成，不再记录存货项目，因此不存在存货变化。这样 R&D 资本使用（需求）可表达为：

$$R\&D_t^{use} = R\&D_t^{GFCF} + R\&D_t^{netpurchase} + R\&D_t^{export} \quad (3-4)$$

其中，$R\&D_t^{use}$、$R\&D_t^{GFCF}$、$R\&D_t^{netpurchase}$、$R\&D_t^{export}$ 分别表示 R&D 使用、资本形成、国内单位间净购买和出口。

最后，根据供需平衡 $R\&D_t^{Supply} = R\&D_t^{use}$，就可以得到 R&D 资本形成，这种方法也可称为供需平衡法，即：

$$R\&D_t^{GFCF} = R\&D_t^{Supply} - \left(R\&D_t^{netpurchase} + R\&D_t^{export} \right) \quad (3-5)$$

$$R\&D_t^{GFCF} = R\&D_t^{output} + R\&D_t^{import} - R\&D_t^{netpurchase} - R\&D_t^{export} \quad (3-6)$$

---

① R&D 供给表中，用基本价格记录产出，但用购买者价格记录消耗，因此理论上加上销售 R&D 的贸易利润和产品税减补贴。但受限于数据，本书忽略此项。

第五节　R&D 资本测度的净现值条件

将收入和生产相互联系起来的核心经济关系是净现值条件，对此的研究可以追溯到瓦尔拉斯（1874）和博姆巴维克（1891），该条件是在市场运行中，资产存量的价值等于其预期产生的未来收益的现值，收益在这里被理解为资产产生的资本服务的收入或价值。理解该公式可从三个视角进行，我们首先考虑一个新的单一资产，即役龄为 0 的资产。

一、基于收入视角的分析

一个新资产在期初 t 的价值 p_0^t 对应于该资产产生的未来收入折现流。此处下角标用于表示资产的年龄，新资产为 0。该资产的收入流记为 c_s^{t+s}，其中上角标 $t+s$ 表示收入产生的时期，下角标 s 表示资产的年龄。折现因子标记为 $(1+r)$，以反映人们喜欢当前收入而不是未来收入的偏好，其中 r 是资产持有人期望资产收益的名义收益率，也就是如果资金投资在其他地方，投资者获得了多少收益（风险调整）的机会成本。名义回报率反映了资产的融资成本，如资产所有者必须支付购买资产所需的贷款的利息。一般情况下，名义回报率将高于融资成本。那么将资产的存量价值与未来收入相关联的基本方程是：

$$P_0^t = \frac{c_0^t}{1+r} + \frac{c_1^{t+1}}{(1+r)^2} + \frac{c_2^{t+2}}{(1+r)^3} + \cdots + \frac{c_T^{t+T}}{(1+r)^{T+1}} \qquad (3-7)$$

这就是净现值公式，此处假定在每年年底收到收入。对于自有资产的使用者，资产产生的收入对应于资产在生产中使用时产生的利润。更精确地，它对应于业主用于生产的资产的预期额外总营业盈余。因此，资产的收入流应该是"毛收入"，因为它没有被校正，即包括折旧，资本商品随着年龄的增加发生价值损失。从销售额中获得的额外收益是可能的，在此意义下，资产的收入流是"净"的，原因在于资本利润产生了附加产出，对平均劳动成本和每单位资本的中间投入进行了纠正。

二、基于成本视角的分析

在竞争性市场中，没有超过和大于资本投入成本的预期剩余利润。这意味着，总营业盈余（劳动和中间投入支付后剩余的部分）将等于资本投入的成本。因此，每个资产的总营业盈余（其产生的收入流）也可以从成本的视角进行解释。具体的是：它对应于资产的单位使用成本。成本视角还允许将单位使用成本解释为资本服务的价格：特定类型和特定役龄的资本商品提供一个单位年龄的资本服务。这些服务的价格是 c_s^{t+s}，即资产所有者支付给自己的价格。

如果某个期初购买了一种资产，期间用于生产并在期间结束时出售，则可以通过分析公司将要承担的成本来直接解释成本视角的意义。在计算这些成本时，将考虑以下因素：一是资产的期初购买价格，如果是新资产，则为 P_0^t；二是资产在期末的销售价格，注意资产现在是一岁 P_1^{t+1}；三是折现率 r，以反映金融资本约束资产的事实。结合这些元素，使用资产的成本是 P_0^t $(1+r)$ － P_1^{t+1}。这事实上是单位使用成本，或资产的资本服务价格，记为 c_0^t，从净现值公式（3－7）也可得到：$c_0^t = P_0^t$ $(1+r)$ － P_1^{t+1}。

当序列 $\{c^t\}$ 被解释为单位使用成本或资本服务价格的序列时，公式（3－7）也可以解释为成本随时间分配的规则：因为具有投资品的性质，新资本商品的价值必须按照会计期间分配。按时间分配应该使未来时期的成本与资产在该时期提供的服务相匹配，并且资本服务的数量和价格也应遵循此规则。既然 c_0^t 被解释为 t 年新资产的资本服务价格，与另一资产（类型相同但役龄不同，如一年 c_1^t），资本服务价格相比，c_0^t/c_1^t 反映了新资产与一岁资产在生产中的相对效率。

三、基于市场视角的分析

对于役龄大于 0 的资产，净现值公式（3－7）可以用于确定存量价值。对于资产，有的有二手市场，有的没有二手市场。如果存在资产市场，当资产以产生不令人满意的回报率的价格出售，则该资产不会有需求，此时资产价格将下调。如果资产以能产生非常高的回报率的价格提供，那么资产将供不应求，此时资产价格将上升。最终回报率将会回到"正常"水平。因此，公式（3－7）也可以用于解释市场经济中资产价格是如何确定的。

公式（3－7）是一切资本测度的基础，当然也是 R&D 资本测度的基础，该公式提供了存量测度、折旧和资本服务之间的联系：特定役龄 s 的（净）存量的价值以价格 P_s^t 进入；折旧是反映收入的单位资本 c_s^{t+s} 的总营业盈余的一部分。这反过来等于构成资本服务价格的单位使用成本。

第六节　R&D 资本使用成本[①]

在生产过程中，将劳动力、资本和中间投入相结合以产生产出。在概念上，资本投入有许多方面可直接与劳动投入类比。资本商品被视为资本服务的载体，构成生产过程中的实际投入。为了生产率和生产分析的目的，资本服务是资本投入的恰当测度指标。[②] 但是我国目前国民账户中没有提供资本服务的价值、价格或物量，长期以来一直将其记录在增加值或营业盈余中。随着对增长核算和生产率研究兴趣的增加，国内总收入的结构问题越来越受到关注，这就需要区分资本收益的价格与物量。

资本的使用成本是资本的所有者使用自己的资本服务于自己而支付给自己的价格。或者，使用成本等于一个生产期间由资产产生的边际回报。为了测度所有者的资本服务成本，必须进行归纳，将租金的各种元素汇集在一起，以确定所有者向自己收费的价格。使用成本的基本思想可以追溯到瓦尔拉斯（1874），但是资本理论中这种基本关系的公式化表述，及其在资本测量中的作用则源于乔根森（Jorgenson，1963）、克里林和乔根森（Christensen，Jorgenson，1973）、德温特（Diewert，1974）。尽管表达方式有不同的变化，但所有公式都建立在资产价格等于其未来预期产生净效益的折现价值的基础上，也就是公式（3-7）上。在一个完美的市场，并且有供应租赁的任何劳动力与中间成本，使用成本等于资本所有者在一个时期内出租资产用于生产时可以实现的租赁价值。即便有租赁市场，观察到的租金可以为使用自有同类资产的使用者提供资本使用成本的近似估计值。然而，现实中租赁市场非常不完全或不具有代表性。此外，对于出租人，租金并不是他出租资本品所带来的期间净收益，他必须支付其他费用，例如与租赁服务相关的劳动力和间接费用。这些费用必须反映在租金中，因此，租金是营业额的衡量标准，而不是运营盈余或对出租人的收益，尽管该收益有助于评估使用自有资产的使用成本。因此，市场租金与资本使用成本是不同的。即使存在普遍的租赁市场，观察到的租金只是资产所有者使

[①]　OECD. Measuring Capital OECD Manual second edition. www. oecd. org/publishing.

[②]　固定资本消耗或折旧有时被认为是反映使用固定资产的全部成本，这是不正确的，可以通过以下情况说明：如果固定资产不是由企业拥有，而是从拥有资本商品的另一个单位租用的，那么业主收取的租金价格不仅包括折旧（固定资本消耗），还包括其他要素，例如以免资产所有人因租赁资产而产生永久性损失的资本融资成本。

用成本的第一近似值。

一、单 — R&D 资产的单位使用成本

前面分别从收入角度、成本角度和市场角度描述了资本服务及其价格的三种不同方式。根据不同的角度，术语"单位使用成本"与"资本服务价格"可以互换，"租金"或"租金价格"适用于所有者和使用者不一致且在不同经济单位之间租用资本货物的市场交易情况。

假设资产所有者想要以最低价格出租其资产（相关劳动和间接成本不增加的前提下），最简单的情况，必须考虑三个主要成本要素：（1）融资成本和购买该资产的机会成本；（2）折旧，即由于老化造成的价值损失；（3）价格重估，即同类资产的预期价格变动。假设处理核算期期初的一个新的资产，那么，单位使用成本（每单位资本的使用成本）可以表示为新资产购买价格的某个份额，该百分比份额大约由三个附加成分组成：名义回报率、新资产的折旧率和名义资产价格变化率。一般而言，单位使用成本是与时间和年龄相关的，因此它适用于特定役龄资产的特定核算时期。鉴于在许多情况下，更容易获得使用实际收益率和资产价格的真实变化率，以 r^{*t} 表示在时期 t 的用名义回报率矫正过的实际回报率，令 i^{*t} 表示资产价格的实际预期变化，[1] δ_0 表示新资产的折旧率，P_0^t 表示在时期 t 开始的一个新资产购买价格，则一个新资产的单位使用成本 c_0^t 近似为：

$$c_0^t \approx P_0^t [r^{*t} - i^{*t} + \delta_0] \qquad (3-8)$$

如果资产价格变化不大，那么 $i^{*t} \approx 0$，此时资产单位使用成本可简化为：

$$c_0^t \approx P_0^t [r^{*t} + \delta_0] \qquad (3-9)$$

上述使用成本公式，是在一个核算期间使用特定役龄资产的成本，对于使用自有资产的使用者，该使用成本可以被理解为公司内部的价格。将单位使用成本乘以相应役龄的资本数量，并对所有资本进行加总，得出总使用成本。

二、R&D 资产组的单位使用成本

由于我国暂没有季度 R&D 的统计数据，因此我们以年度频率表示。为了

---

[1]　即持有收益或损失，重估价值。

与国民账户信息相连接，特作出以下假设。

（1）假设 R&D 投资在期中进行，以期中价格估值，为了便于计算和解释，假设 R&D 资产的废弃发生在期末，付款也发生在期末。将特定类型 i 的新 R&D 资本商品的投资量记为 $I^{i,t}$，假设投资发生在期间 t 的中点。该流量以基期 t_0 的平均价格计量，为了简便，我们设为单位 1：

$$P_0^{i,t_0} = (P_0^{i,t_0^B} + P_0^{i,t_0^E})/2 = 1 \qquad (3-10)$$

其中，价格 P_0^{i,t_0^B}、P_0^{i,t_0^E} 中上标字母 B、E 分别表示新 R&D 资产处在时期 t_0 期初和期末；价格 P_0^{i,t_0^B}、P_0^{i,t_0^E} 中下角标表示 R&D 资产的年龄或者役龄，这样 0 表示为新 R&D 资产的价格；$[I^{i,t}, I^{i,t-1}, I^{i,t-2}\cdots]$ 是国民账户中的不变价格 R&D 投资的时间序列。

（2）假设已知时期 t 的期初信息，定义 R&D 资本商品 i 在期初和期末的预期价格变化率为：

$$i_{(tB)}^{t,t} = P_0^{i,tE}/P_0^{t,tB} - 1 \qquad (3-11)$$

即 R&D 资产预期价格变化取决于其形成的时间（由下角标 tB 表示），并且假设这也适用于未来所有时期。也就是说，前面两个时期的价格预期变化率为：$P_0^{i,t+2B}/P_0^{i,tB} = (1 + i_{(tB)}^{i,t})^2$，前面三个时期预期价格变化率是 $(1 + i_{(tB)}^{i,t})^3$，等等。为了说明未来 R&D 预期价格变化仅仅随着可用信息变化而变化，可以删除上标 t，仅仅保留下标 (tB)。

（3）使用 R&D 资产产生的付款或收益流按照名义利率 r 折现。与预期的价格变化率一样，名义利率可能随时间而变化，但取决于每个时期期初的信息，用 r_{tB} 表示时期 t 开始的未来时期的预期名义折现率。对于恒定的期限结构的利率，在 t 信息集下，相关的两期利率为 $(1 + r_{(tB)})^2$。

为了区分单个资本，令 f_n^t 为 R&D 资本使用成本，那么役龄为 n 年的 R&D 新资产在时期 t 的价格 P_n^{tB} 可表示为：

$$P_n^{tB} = f_n^t(1 + r_{(tB)})^{-1} + f_{n+1}^{t+1}(1 + r_{(tB)})^{-2} + f_{n+2}^{t+2}(1 + r_{(tB)})^{-3} + \cdots \\ n = 0.5, 1.5, 2.5, \cdots \qquad (3-12)$$

方程（3-12）说明了役龄为 n 年的 R&D 新资产在时期 t 的价格 P_n^{tB}，等于各期租金 $\{f_n^t, f_n^{t+1}, \cdots\}$ 折现到 t 期现值的和。租金在每个核算期末发生。注意 n 的值为 0.5、1.5 等。这反映了中期投资的国民账户假设：在时期 t 开始的，最年轻的资产只有半年，因此 $n = 0.5$。在时期 $t-2$ 中期购买的投资产品

在时期 t 时为 1.5 年，以此类推。因此，公式（3 - 12）仅涉及在时期开始时已经存在的那些资产。在时期 t 购买的资产单独处理。为了导出使用成本方程，在不改变 tB 的信息集的条件下，将公式（3 - 12）滞后一个周期：

$$P_{n+1}^{t+1B} = f_{n+1}^{t+1}(1 + r_{(tB)})^{-1} + f_{n+2}^{t+2}(1 + r_{(tB)})^{-2} + f_{n+3}^{t+3}(1 + r_{(tB)})^{-3} + \cdots$$
$$(3 - 13)$$

式（3 - 12）乘以 $1 + r_{(tB)}$，减去（3 - 13），可得使用成本 f_n^t 的表达式：

$$f_n^t = P_n^{tB}(1 + r_{(tB)}) - P_{n+1}^{t+1B}; n = 0.5, 1.5, 2.5, \cdots \quad (3 - 14)$$

其中，R&D 资产价格 P_{n+1}^{t+1B} 是预期变量，假定上述关系是根据在时期 t 开始时可用的信息得到的。时期 $t + 1$ 开始时的资产价格等于时期 t 结束时的资产价格，因此 P_{n+1}^{t+1B} 可以替换为 P_{n+1}^{tE}，则：

$$f_n^t = P_n^{tB}(1 + r_{(tB)}) - P_{n+1}^{tE}; n = 0.5, 1.5, 2.5, \cdots \quad (3 - 15)$$

在时期 t 购买的新资产将产生一半的租金，称为 f_{H0}^t，但是这半年租金不能直接与全期付款相关的租金 $\{f_n^t\}$ 相比。基于时期 t 期初时的信息的 R&D 新资产的使用成本为：

$$f_{H0}^t = P_0^t(1 + r_{(tB)}/2) - P_{0.5}^{tE} \quad (3 - 16)$$

为了简便处理，可简单地取半期 R&D 使用成本 f_{H0}^t 等于假设使用成本的一半（资产在期初购置），即：

$$f_{H0}^t \approx f_0^t/2 = [P_0^{tB}(1 + r_{(tB)}) - P_1^{tE}]/2 \quad (3 - 17)$$

三、资本使用成本的分解

下面对资本使用成本进行分解，并按照年份汇总以得到折旧、净资本回报率和重估价值的表达式。首先看一套已有的资产，然后再考虑新资产。时期 t 内一个 n 岁资产的折旧率 δ 是 n 岁资产价值与 $n + 1$ 岁资产价值之差的百分比。严格来说，这是一个预期的速度，取决于在期间 t 开始时可用的信息。假设每个信息集只有一组折旧率，那么，当期两岁间资产的（预期）折旧率与未来时期两岁间资产的（预期）折旧率相同。

$$\delta_n = (P_n^{tE} - P_{n+1}^{tE})/P_n^{tE} = 1 - P_{n+1}^{tE}/P_n^{tE} = (P_n^{tB} - P_{n+1}^{tB})/P_n^{tB} \quad (3 - 18)$$

回到使用成本表达式（3 - 15），n 岁资产在期初与 $n + 1$ 岁资产在期末的

价格差 $P_n^{tB} - P_{n+1}^{tE}$，可以被分解为反映折旧的价格差和反映重估或持有收益及损失的价格变化。借鉴 Balk 和 van den Bergen（2006），并取两个概率的平均值，定义在时期 t 期初 n 岁单位资产的折旧值为期间内资产的折旧率和平均价格的乘积。那么折旧值为：

$$
\begin{aligned}
d_n^t &= 0.5\left[\left(P_n^{tB} - P_{n+1}^{tB}\right) + \left(P_n^{tE} - P_{n+1}^{tE}\right)\right] \\
&= 0.5\left[P_n^{tB}\left(1 - P_{n+1}^{tB}/P_n^{tB}\right) + P_n^{tE}\left(1 - P_{n+1}^{tE}/P_n^{tE}\right)\right] \\
&= 0.5\left[P_n^{tB}\delta_n + P_n^{tE}\delta_n\right] = 0.5\delta_n\left[P_n^{tB} + P_n^{tE}\right] \\
&= \delta_n P_n^t = P_n^{tB}\delta_n\left(1 + i_{(tB)}/2\right), n = 0.5, 1.5, \cdots
\end{aligned}
\tag{3-19}
$$

新资产 d_{H0}^t 的半年折旧简单处理为 $d_{H0}^t = d_0^t/2 = \delta_0 P_0^t/2$。给定 n 岁资产折旧值，单位 n 岁资产的价格重估或者持有收益/损失就构成了资产价值的总变化 $P_n^{tB} - P_{n+1}^{tE}$，计算为：

$$
\begin{aligned}
z_n^t &= 0.5\left[\left(P_n^{tE} - P_n^{tB}\right) + \left(P_{n+1}^{tE} - P_{n+1}^{tB}\right)\right] \\
&= 0.5\left[P_n^{tB}\left(P_n^{tE}/P_n^{tB} - 1\right) + P_{n+1}^{tB}\left(P_{n+1}^{tE}/P_{n+1}^{tB} - 1\right)\right] \\
&= 0.5\left[P_n^{tB}i_{(tB)} + P_{n+1}^{tB}i_{(tB)}\right] = 0.5 i_{(tB)}\left[P_n^{tB} + P_{n+1}^{tB}\right] \\
&= i_{(tB)}0.5\left[P_n^{tB} + P_{n+1}^{tB}\right] = P_n^{tB}i_{(tB)}0.5\left(2 - \delta_n\right) \\
&= P_n^{tB}i_{(tB)}\left(1 - \delta_n/2\right), n = 0.5, 1.5, \cdots
\end{aligned}
$$

$$
\tag{3-20}
$$

式（3-20）中最后一行包含的 $P_n^{tB}\left(1 - \delta_n/2\right)$ 表示：资产年初的价格，被半年的折旧修正。这也可以视为对 $n + 0.5$ 岁资产价值的近似估计，其对应于核算期内资产的平均年龄。这样期间 t 的重估值就是平均 $n + 0.5$ 岁资产的年初值乘以期间期望的价格变化。相对于已有资产，对于一个新资产，重新估值将被设置在 $z_{H0}^t = z_0^t/2 = P_0^{tB}i_{(tB)}\left(1 - \delta_0/2\right)/2 \approx P_{0.5}^{tB}i_{(tB)}/2$。

由定义，$\delta_n = \left(P_n^{tE} - P_{n+1}^{tE}\right)/P_n^{tE} = 1 - P_{n+1}^{tE}/P_n^{tE} = \left(P_n^{tB} - P_{n+1}^{tB}\right)/P_n^{tB}$，$i_{(tB)}^{i,t} = P_0^{i,tE}/P_0^{i,tB} - 1$，并且：

$$
\begin{aligned}
P_n^{tB} - P_{n+1}^{t+1B} &= \frac{1}{2}\Big\{\left[\left(P_n^{tB} - P_{n+1}^{t+1B}\right) + \left(P_n^{tE} - P_{n+1}^{t+1E}\right)\right] \\
&\quad - \left[\left(P_n^{tE} - P_n^{tB}\right) + \left(P_{n+1}^{tE} - P_{n+1}^{tB}\right)\right]\Big\} \\
&= \frac{1}{2}\Big\{\left[P_n^{tB}\frac{\left(P_n^{tB} - P_{n+1}^{t+1B}\right)}{P_n^{tB}} + P_n^{tE}\frac{\left(P_n^{tE} - P_{n+1}^{t+1E}\right)}{P_n^{tE}}\right]
\end{aligned}
$$

$$- \left[P_n^{tB} \frac{(P_n^{tE} - P_n^{tB})}{P_n^{tB}} + P_{n+1}^{tB} \frac{(P_{n+1}^{tE} - P_{n+1}^{tB})}{P_{n+1}^{tB}} \right] \Big\}$$

假设租金支付发生在期末，那么在时期期初 n 岁资产的单位使用成本是：

$$f_n^t = P_n^{tB}(1 + r_{(tB)}) - P_{n+1}^{t+1} = P_n^{tB} r_{(tB)} + P_n^{tB} - P_{n+1}^{t+1B} = P_n^{tB} r_{(tB)} + d_n^t - z_n^t$$

$$= P_n^{tB} r_{(tB)} + P_n^{tB} \delta_n (1 + i_{(tB)}/2) - P_n^{tB} i_{(tB)}(1 - \delta_n/2),$$

$$n = 0.5, 1.5, 2.5, \cdots$$

$$(3-21)$$

对于新资产，$f_{H0}^t = (P_0^{tB} r_{(tB)} + d_0^t - z_0^t)/2$。

这样的话，就把新资产和已有资产的单位使用成本分解为：将时期内预期回报率乘以期初资本商品价值得到的资本收益（$P_0^{tB} r_{(tB)}$）、预期的折旧变化（d_n^t）和反映某役龄资产价格上升的预期价值重估项（z_n^t），每一项都是资产边际收益流的一部分。

第七节　R&D 资本净存量与服务量指数估计方法

一、净资本存量与 R&D 资本服务总额分解

一个 n 岁役龄资产在各年的折旧总额可表述为单位折旧价值乘以役龄 n 投入序列总量：

$$D_n^t = d_n^t I^{t-n-0.5} = P_n^{tB} \delta_n (1 + i_{(tB)}/2) I^{t-n-0.5}, n = 0.5, 1.5, 2.5, \cdots$$

$$(3-22)$$

对于期初取当年投资的一半。那么时期 t 的折旧总额应该是以时期 t 的平均价格计量的各个役龄的折旧率乘以旧投资数量积的和，即：

$$D^t = D_{H0}^t + D_{0.5}^t + D_{1.5}^t + D_{2.5}^t + \cdots$$

$$= P_0^t \delta_0 I^t/2 + \delta_{0.5} P_{0.5}^t I^{t-1} + \delta_{1.5} P_{1.5}^t I^{t-2} \quad (3-23)$$

由役龄—价格函数定义公式（2-10），上式可写成：

$$D^t = P_0^t \left[\delta_0 I^t/2 + \delta_{0.5} \psi_{0.5} I^{t-1} + \delta_{1.5} \psi_{1.5} I^{t-2} + \cdots \right] \quad (3-24)$$

记

$$W^{tB} = \psi_{0.5}I^{t-1} + \psi_{1.5}I^{t-2} + \psi_{2.5}I^{t-3} + \cdots$$

$$W^{tE} = \psi_{0.5}I^{t} + \psi_{1.5}I^{t-1} + \psi_{2.5}I^{t-2} + \cdots \tag{3-25}$$

这就是以参考年价格计量的时期 t 期初、期末的净资本存量或者财富，令 $W^t = 0.5(W^{tB} + W^{tE})$ 为参考年价格的时期 t 的平均净存量，那么时期 t 的资本总收益为：

$$
\begin{aligned}
R^t &= r_{(tB)}P_0^{tB}\left[I^t/2 + \psi_{0.5}I^{t-1} + \psi_{1.5}I^{t-2} + \psi_{2.5}I^{t-3} + \cdots\right] \\
&= r_{(tB)}P_0^{tB}\left[I^t/2 + W^{tB}\right]
\end{aligned}
\tag{3-26}
$$

同样，重估价值总额为 $Z^t = i_{(tB)}P_0^{tB}W^t$。

因为新资产和已有资产的单位使用成本可以分解为资本收益、价值重复和折旧之和：$f_n^t = P_n^{tB}r_{(tB)} + d_n^t - z_n^t$。故使用总成本就是资本收益总额、重估价值总额和折旧总额之和：

$$
\begin{aligned}
U^t = R^t - Z^t + D^t &= r_{(tB)}P_0^{tB}\left[I^t/2 + W^{tB}\right] - i_{(tB)}P_0^{tB}W^t + \\
& P_0^t\left[\delta_0 I^t/2 + \delta_{0.5}\psi_{0.5}I^{t-1} + \delta_{1.5}\psi_{1.5}I^{t-2} + \cdots\right]
\end{aligned}
\tag{3-27}
$$

净资本存量或者财富是资产负债表的登记项。对于某类资产，时期 t 期初净存量为 $P_0^{tB}W^{tB}$，期末净存量为 $P_0^{tE}W^{tE}$，期初与期末之间的变化可有两种分解方式：

$$P_0^{tE}W^{tE} - P_0^{tB}W^{tB} = P_0^{tE}W^{tE} - P_0^{tE}W^{tB} + P_0^{tE}W^{tB} - P_0^{tB}W^{tB} \tag{3-28}$$

$$P_0^{tE}W^{tE} - P_0^{tB}W^{tB} = P_0^{tE}W^{tE} - P_0^{tB}W^{tE} + P_0^{tB}W^{tE} - P_0^{tB}W^{tB} \tag{3-29}$$

取公式（3-28）和公式（3-29）两者的简单算术平均作为期初期末资本存量净额变化，即：$P_0^{tE}W^{tE} - P_0^{tB}W^{tB} = 0.5(P_0^{tE}W^{tE} - P_0^{tE}W^{tB} + P_0^{tE}W^{tB} - P_0^{tB}W^{tB}) + 0.5(P_0^{tE}W^{tE} - P_0^{tB}W^{tE} + P_0^{tB}W^{tE} - P_0^{tB}W^{tB})$，整理可得：

$$P_0^{tE}W^{tE} - P_0^{tB}W^{tB} = 0.5(P_0^{tE} + P_0^{tB})(W^{tE} - W^{tB}) + 0.5(W^{tB} + W^{tE})(P_0^{tE} - P_0^{tB}) \tag{3-30}$$

根据 $P_0^t = 0.5(P_0^{tE} + P_0^{tB})$，$i_{(tB)} = P_0^{tE}/P_0^{tB} - 1$，故上式可简化为：

$$P_0^{tE}W^{tE} - P_0^{tB}W^{tB} = P_0^t(W^{tE} - W^{tB}) - P_0^{tB}i_{(tB)}W^t \tag{3-31}$$

根据公式（3-25）可得 $W^{tE} - W^{tB} = I^t - D^t/P_0^t$，即以参考期价格计量的净存量变化等于总投资减去折旧，这恰恰描述了存量变化的一般性关系，是当前价格计量的资产负债表总体变化的部分内容。将此代入到公式（3-31）：

$$P_0^{tE} W^{tE} - P_0^{tB} W^{tB} = P_0^t (I^t - D^t / P_0^t) - P_0^{tB} i_{(tB)} W^t = P_0^t I^t - D^t - Z^t$$

$$(3-32)$$

这就是资产负债表项目期初期末之间的关系：以期初价格计量的期初存量（$P_0^{tB} W^{tB}$），加以年均价格计量的期间内总投资（$P_0^t I^t$），减去年均价格计量的折旧（D^t），减去名义持有收益或损失（Z^t），等于期末价格计量的期末净存量（$P_0^{tE} W^{tE}$）。

二、生产性资本存量与 R&D 资本服务总额价格、物量分解

公式（3-27）说明了总使用成本可以分解为当年价格的资本收益总额、重估价值总额和折旧总额，但是在经济分析中，特别是在测度全要素生产率时，还需要将其分解为价格和物量两个部分。时期 t 总使用成本应该是各期投资乘以 t 期相应役龄的单位使用成本之和：

$$U^t = f_0^t I^t / 2 + f_{0.5}^t I^{t-1} + f_{1.5}^t I^{t-2} + f_{2.5}^t I^{t-3} + \cdots \qquad (3-33)$$

根据役龄—效率函数的定义公式（2-1）$h_n = f_n^t / f_0^t$，则：

$$U^t = f_0^t [I^t / 2 + h_{0.5}^t I^{t-1} + h_{1.5}^t I^{t-2} + h_{2.5}^t I^{t-3} + \cdots] = f_0^t K^t \qquad (3-34)$$

其中，$K^t = I^t / 2 + h_{0.5}^t I^{t-1} + h_{1.5}^t I^{t-2} + h_{2.5}^t I^{t-3} + \cdots$ 称为以基期期中价格计量的生产性资本存量。公式（3-34）提供了将资本服务价值量变化分解为价格变化和物量变化的途径，对于单一资产，在役龄—效率函数的时间不变假设和不同年份之间具有替代性假设下，物量变化仅仅体现在生产性资本存量的变化。对于资产组，需要按照资产类型进行汇总。按照不同资产类型进行合计，就得到全社会 R&D 资本使用成本总额，也就是资本服务总额：

$$U^t = \sum_{k=1}^{N} f_0^{k,t} K^{k,t} \qquad (3-35)$$

如果以参考年价格的资本服务单位成本乘以生产性资本存量，再按照资本类型汇总，就得到不变价的资本服务总额：

$$V^t = \sum_{k=1}^{N} f_0^{k,t_0} K^{k,t} \qquad (3-36)$$

第四章　中国 R&D 资本平均役龄

—效率曲线模拟

第一节　中国 R&D 资本平均服务寿命估计

一、R&D 资本服务寿命的有限性

寿命对于资本存量的计算是非常关键的。此处的寿命指的是资产的使用寿命，即在生产过程中保持使用或者准备使用的总时间。它不是资本品的物理或者工程概念，即便是资产物理状态保持不变，只要是不再用于生产或者不准备用于生产，就意味着寿命的终结，故资本服务寿命是经济概念下的寿命。

物质资本可能由于经济过时、磨损或者意外损坏而使其寿命结束。对于 R&D 资本来讲，由于其具有的无形性，不会存在磨损或者意外损坏，理论上具有无限的寿命。但我们关注的是知识直接对经济产出和公司利润做出贡献的时间长度，因此，这种对生产有用的"经济服务寿命"肯定是有限的。

研发具有"创造性破坏"的特征，在这种创造性破坏中，知识可以被过时和被新发现所取代（Bitzer & Stephan, 2007）。随着时间的推移，知识被使用的可能性逐渐缩小，这表明 R&D 逐渐被取代或逐渐溢出，以至于知识变得可广泛获得，直到它变成常识，没有剩余的价值留给其所有者。在此过程中，它对所有者的利润和经济产出的贡献越来越小，也就在逐步地"贬值"，直到退出生产过程。

二、基于有效专利的 R&D 平均服务寿命估计

首先来看我国的专利数与 R&D 项目数之间的关系。2015 年我国国内专利申请量为 2639446 件，是 2011 年的 1.75 倍，同期授权专利数为 2011 年的 1.8 倍，而 R&D 内部支出为 2011 年的 1.63 倍，这说明专利申请量和授权量的发

展速度远远高于 R&D 内部支出的发展速度。据中国专利调查数据报告显示，我国高校和科研单位平均每个研发项目能够产生专利数量集中在 1~2 件的占比为 80.3%①，若按照每个项目能产生 2 件专利和 2015 年 R&D 项目数（1304534 项）估计，2015 年应申请专利数为 2609068 件，是实际申请专利数（2639446 件）的 98.8%。由此我们可以判断，近年来我国大多数 R&D 项目都申请了专利，故用有效专利平均持续年限代表 R&D 估计平均服务寿命是合理的。

2008 年 12 月 27 日发布的《中华人民共和国专利法》界定的发明是指对产品、方法或者其改进所提出的新的技术方案。实用新型，是指对产品的形状、构造或者其结合所提出的适于实用的新的技术方案。外观设计，是指对产品的形状、图案或者其结合以及色彩与形状、图案的结合所作出的富有美感并适于工业应用的新设计。授予的发明专利和实用新型专利要具有新颖性、创造性和实用性特点。新颖性，是指该发明或者实用新型不属于现有技术，也没有任何单位或者个人就同样的发明或者实用新型在申请日以前向国务院专利行政部门提出过申请，并记载在申请日以后公布的专利申请文件或者公告的专利文件中。创造性，是指与现有技术相比，该发明具有突出的实质性特点和显著的进步，该实用新型具有实质性特点和进步。实用性，是指该发明或者实用新型能够制造或者使用，并且能够产生积极效果。

我国《专利法》第四十二条规定，发明专利的期限为二十年，实用新型专利和外观专利的期限为十年，均自申请日起计算。专利权人应当自被授予专利权的当年开始缴纳年费以维持专利权，否则专利权会在期限届满前失效。我们假设专利代表了绝大多数 R&D 知识，专利权人缴纳年费以维持专利权，表明该专利能够为其所有者带来经济收益，该专利尚处于服役期间。如果专利失效，不再受法律保护，那么意味着该专利已经不能给其所有者或者使用者带来经济收益，该专利已经不再处于服务状态。因此，可以根据有效专利的持续年限来估计 R&D 资本服务寿命。

由于在专利申请当年，专利法已经赋予了专利权人相应的专利权，因此我们把专利申请当年 t，专利包含的知识的寿命定为 1；在 $t+1$ 年，如果该专利处于有效状态，则该专利包含的知识的寿命为 2；在 $t+2$ 年，如果专利处于有效状态，则该专利包含的知识的寿命为 3，以此类推。直到在第 $t+k$ 年，该专

---

① 2016 年中国专利调查数据报告，p. 10. http：//www. sipo. gov. cn/zscqgz/2017/201706/P02017063 0623130504119. pd.

利已经失效，则认为该 R&D 资本不再服役，已退出生产过程，奉命结束，R&D 资本寿命为 $t+k-1$。由此我们可以整理出 2014 年、2010 年有效专利的分布情况，见表 4 - 1 和表 4 - 2。

表 4 - 1   2014 年有效专利分布情况   单位：件

寿命（年）	发明专利			实用新型专利		外观专利	
	全部	高校	企业	高校	企业	高校	企业
1	407	107	185	30508	276549	3863	100952
2	27455	8309	11826	40068	439748	6647	218363
3	98803	28448	50535	19030	349574	3663	101266
4	121514	30821	67673	8663	239705	1830	66372
5	111980	24281	67760	2493	139706	167	40111
6	97227	17406	62777	1195	94903	47	29187
7	74202	10919	49960	557	55801	25	19648
8	53752	6166	38216	376	34200	25	13699
9	40400	3905	29081	288	24005	12	9624
10	28946	2814	20590	166	15631	5	6188
11	18412	1550	13254				
12	14046	884	10529				
13	9140	484	6886				
14	5063	230	3744				
15	2915	144	2118				
16	1657	56	1155				
17	1145	49	791				
18	740	12	540				
19	501	14	327				
20	385	14	274				
合计	708690	136613	438221	103344	1669822	16284	605410

资料来源：《中国有效专利年度报告 2014》。

表 4 - 2   2010 年有效专利分布情况   单位：%

寿命（年）	发明专利	实用新型	外观专利
1	0	4.5	0.1
2	4.3	31	37.9
3	12.4	24.7	29.8
4	17.9	15.1	14.7

续表

寿命（年）	发明专利	实用新型	外观专利
5	18.7	9.3	7.4
6	15.5	6.4	4.3
7	10.7	4.2	2.9
8	8	2.5	1.6
9	5	1.5	0.8
10	2.9	0.8	0.5
11	1.6		
12	1		
13	0.6		
14	0.5		
15	0.3		
16	0.2		
17	0.2		
18	0.1		
19	0.1		
20	0		
合计	100	100	100

资料来源：《中国有效专利年度报告 2010》。

根据表 4-1、表 4-2 可计算基于不同专利类型的平均役龄，见表 4-3、表 4-4。

表 4-3　　　　基于 2014 年有效专利计算的 R&D 平均服务寿命

	发明专利			实用新型专利		外观专利	
	全部	高校	企业	高校	企业	高校	企业
算术平均役龄	6.02	4.99	6.35	2.26	3.27	2.28	3.10
中位数役龄	5	5	6	2	3	2	2
众数役龄	4	4	5	2	2	2	2

表 4-4　　　　基于 2010 年有效专利计算的 R&D 平均服务寿命

	发明专利	实用新型	外观专利
算术平均役龄	5.76	3.57	3.32
中位数役龄	5	3	3
众数役龄	5	2	2

从三种类型专利体现的技术复杂度来看，发明专利最难获得授权，申请所

需要的周期最长，一般在 1.5 年以上。另从统计调查制度上来看，统计部门统计调查时，判断一个项目是否属于 R&D 主要以项目成果形式来判断，要求项目成果形式为：论文或专著、自主研制的新产品原型或样机样件样品配方新装置、自主开发的新技术或新工艺新工法、发明专利、基础软件。因此可产生发明专利的项目一般都是 R&D，故我们将依据有效发明专利数据计算平均役龄，作为 R&D 资本的平均役龄。结合最近年份的计算结果，我们将 R&D 资本的平均服务寿命定为 6 年，最长寿命是其法定寿命 20 年。对于高校（可以代表一般政府部门）的 R&D 资本，平均服务寿命为 5 年，最长寿命是其法定寿命 20 年；尽管非金融资产核算工作组建议 R&D 资本平均服务寿命为 10 年，但是我们认为通过有效专利的计算，结果比较切合中国 R&D 资本的实际情况。此外，根据 OCED 核算 R&D 固定资本形成的惯例，R&D 实施的当期就记录为资本形成，不再涉及存货，R&D 从方案调研到试验再到申请专利，有孕育时滞期，因此我们又分别考虑了 1 年孕育期和知识开始应用到生产过程的 1 年滞后期，分 R&D 资本服务寿命 5 年、6 年、7 年和 8 年四种情况进行讨论。

从表 4－3 和表 4－4 的计算结果可以发现：（1）R&D 的平均服务寿命小于物质资本例如建筑物的平均服务寿命；（2）高校（或者说一般政府部门）实施的 R&D 平均服务寿命低于企业拥有 R&D 的平均服务寿命，更一般地可认为"基础研究"获得的知识平均服务寿命，低于"应用研究"和"试验发展"获得的知识的平均服务寿命。（3）从 2010 年到 2014 年，知识的平均服务寿命在提高。

第二节　单一 R&D 资本的役龄—效率曲线

上文已述，随着时间的推移，R&D 资产平均服务寿命在增加，R&D 资产对产出的贡献在降低，也就意味着其生产效率在下降，这种描述随着资产老化而生产效率下降的模式就是 R&D 资本的役龄—效率曲线。从定义上，资本役龄—效率函数是 t 时期役龄为 n 的资本单位使用成本与其作为新资产的单位使用成本之比，即 $h_n = f_n^t / f_0^t$，$n = 0.5, 1.5, 2.5, \cdots\cdots$ 由于缺乏实证证据，我们借鉴物质资本的效率衰减模式，分析线性衰减模式、双曲线衰减模式和几何衰减模式是否适合 R&D 资本的效率衰减状况。

图 4－1、图 4－2、图 4－3 分别是双曲线衰减模式、几何衰减模式和线性衰减模式下的模拟图。图中横坐标为役龄 n，这里统一为 20 年（这里采用专

利的法律寿命20年，当然并不是意味着最长寿命一定为20年）。纵坐标为生产效率，在役龄 $n=0$ 时，为新资产，故效率为1，然后随着役龄的增加，效率逐步下降。

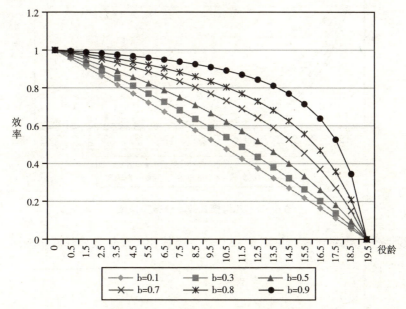

图4-1　双曲线模式效率衰减模拟图

图4-1是双曲线模式效率衰减模拟图，役龄—效率函数为：

$$g_n = \frac{T-n}{T-b^*n} \qquad (4-1)$$

我们对参数 b 分别取了6个不同的值，让 b 从0.1变化到0.9，以说明图形的形状差别，整体来看图形是凸向原点。可发现，当 $b=0.1$ 时，曲线十分接近线性，下降比较均匀。相比之下，对于 $b=0.9$，在 $t=4$ 时效率仍然达到0.83，但是在随后两年迅速降为0。即前期下降缓慢，后期快速下降。对比不同的 b 值，会发现，b 越大，图形越凸。

图4-2是几何模式效率衰减，函数形式为：

$$g'_n = (1-\delta)^n \qquad (4-2)$$

从整体来看，效率是逐渐衰减且趋向于0的，由于下降的速度是恒定的，故在前期基数较大的情况下，效率下降较快，后期效率下降较慢。效率参数（效率衰减率或者衰减速度）δ 越大，趋向于0的速度也就越快。

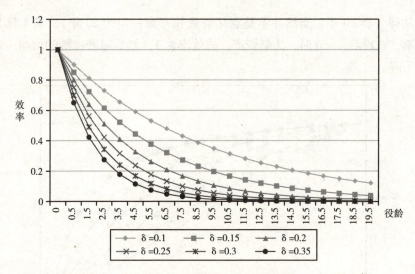

图 4-2　几何模式效率衰减模拟图

线性模式效率衰减（见图 4-3）是一条线段，每年效率降低量相同。

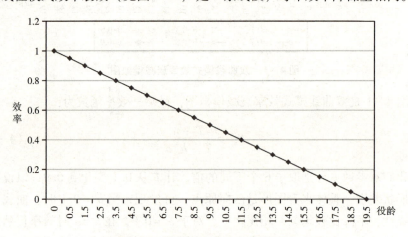

图 4-3　线性模式效率衰减模拟图

　　当企业的一项 R&D 资产投入使用时，我们有理由相信，投产之后的几年内企业会加大生产，迅速将产品推向市场。因此，R&D 资本在前期服役期间，市场中同类产品或者工艺较少，此时的 R&D 资本具有较强的竞争力，其效率应该维持不变，或者小幅下降。随着知识的扩散，越来越多的厂家也开始生产类似的商品，或者采用同类型的技术，对于最初的 R&D 资本拥有者来讲，优胜地位受到威胁，获得的收益逐渐减少，将此归为 R&D 资本的效率逐步降低。因此，从一般规律上，R&D 资本的役龄—效率函数应采用双曲线模式。

第三节　R&D 资本的退役模式

R&D 资本在到达平均服务寿命之后，是以什么形式从资本存量总额中逐步退出的呢？如果 R&D 资本出口或者放弃，而导致从资本存量中退出，称之为退役（retirement）或者废弃（Discards）。在物质资本的退役模式中，主要有同时退役、线性退役（含延迟线性退役）和钟形退役三种，我们将这些借鉴到 R&D 资本测度中。

同时退役是指一组 R&D 资本在达到其类型的平均使用寿命时，比如前文的 6 年，同时从存量中退出。既然大多数 R&D 资本都申请了知识产权，也都受知识产权法保护，那么在法律寿命终结时，例如发明专利的 20 年，一般是同时退役。然而大多数专利在未达到法律寿命时就已经失效，专利权人的权利不再受法律保护，我们有理由认为该资产已经不能再为其带来收益，或者收益小于所付出的权利要求成本。那么，此时可认为该资本已经退役。平均服务寿命假设所有 R&D 资本都同时退役也是不合理的，不同的行业和产品竞争程度不同，对 R&D 资本的要求也不尽相同，不太可能在平均服务寿命之处同时退役。

线性退役是假设 R&D 资本从形成后到 2 倍的平均服务寿命内以相同的速率退役，此时意味着存活的 R&D 资产每年减少一个固定的额度，特别是从资本形成之后马上就开始废弃，与现实不太符合。同样，延迟线性退役也是如此。

钟形退役是指在 R&D 资本形成之后开始逐步退役，退役量逐渐增加，在平均使用寿命附近达到峰值，然后退役量又逐步减少的方式。多种数学函数能够产生钟形退役图形，如 Winfrey 函数、Weibull 函数和（对数）正态函数等，在物质资本核算中被经常采用。我们这里重点分析由正态函数形成的正态钟形退役模式和由 Winfrey 函数形成的 Winfrey 钟形退役模式。

一、正态钟形退役模式

$$F(T) = \frac{1}{s\sqrt{2\pi}}e^{-(T-\bar{T})^2/2s^2} \tag{4-3}$$

在正态函数表达式中，一般取标准差为平均寿命的四分之一。上节已述，对于企业部门，R&D 资本平均役龄为 6 年和 8 年，对于政府部门，R&D 资本平均服务寿命为 5 年或 7 年，最长寿命为法律年龄 20 年。图 4 - 4 是企业部门和政府部门的 R&D 资本退役分布，图 4 – 5 为相应的残存分布。

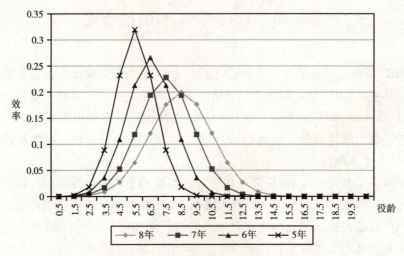

图 4 – 4　不同平均服务寿命的 R&D 资本正态钟形退役分布

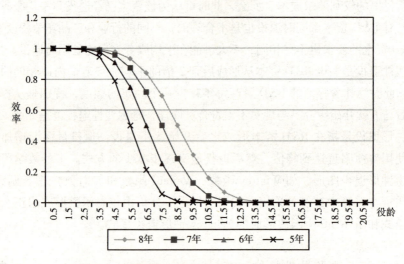

图 4 – 5　不同服务寿命的 R&D 资本正态残存分布

二、Winfrey 钟形退役模式

$$F_T = F_0 \left(1 - \frac{T^2}{a^2}\right)^m \qquad\qquad (4 - 4)$$

根据 Winfrey 函数（4-4），我们也计算了平均服务寿命为 6 年的 Winfrey 钟形退役分布，S2 和 S3 是物质资本最常用的两条曲线。S2 的参数为 $F_0 =$ 11.911、$a = 10$、$m = 3.70$，S3 的参数为 $F_0 = 15.610$、$a = 10$、$m = 6.902$，均是对称曲线，最长寿命仍然设置为 20 年。以 S2 为例，本书绘制了不同平均寿命下 WinfreyS2 钟形退役分布（见图 4-6）。

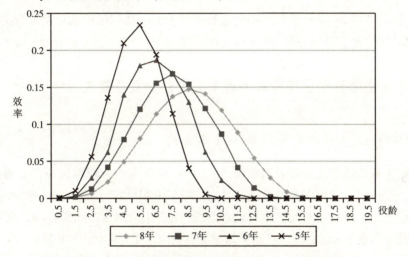

图 4-6　不同平均寿命下 WinfreyS2 钟形退役分布

第四节　R&D 资本的平均役龄—效率曲线

退役或者生存函数说明了 R&D 个体资产将在不同的年龄退役。为了得到 R&D 资产组的役龄—效率函数曲线，必须将退役模式与单个资产的役龄—效率曲线相组合。

我们将在不同的退役模式下，分析 R&D 资产组的役龄—效率曲线。在退役分布中的每一个役龄，有单独的役龄—效率模式，那么资产组就由役龄—效率模式族组成，族内之间的区别在于预期的服务寿命不同。[1] 定义 R&D 资产组的平均役龄—效率函数（等价于组合役龄—效率/退役模式）为：对于每个役龄，以生存概率为权重的各个 R&D 资产的效率加权和。令 $0 \leqslant \{g_0, g_1, \cdots,$

---

[1]　从另外一个角度，我们可以设想根据退役日期和每个 R&D 资产单独的服务寿命 T，给定的资产组序列可以分解成若干子序列，每个子序列都可以通过自身的役龄—效率曲线来表征（各自的预期服务寿命）。

g_T $|$ ≤ 1 是具有服务寿命 T 的单个 R&D 资产的役龄—效率函数，$F(T)$ 为 R&D 资本退役函数，如果记 R&D 资产组的平均役龄—效率函数为：$0 ≤ \{h_0, h_1, \cdots,$ $h_{TMAX}\}$ ≤ 1，那么：

$$h_n = \sum_{T=n}^{TMAX} g_n(T) F(T) ; n = 0, 1, \cdots, T^{max} \qquad (4-5)$$

其中，T^{max} 是 R&D 资产组中的最长使用寿命，我们这里最长设置为法律寿命的 20 年，也就是说在第 20 年时进行截尾。

一、正态钟形退役模式下的平均役龄—效率曲线

（一）正态双曲平均役龄—效率曲线

在正态函数形成的钟形退役模式、单一 R&D 资产为双曲线役龄—效率函数下，以边际退役概率为权重进行平均，得到 R&D 资产组的役龄—效率曲线，我们称之为正态双曲平均役龄—效率曲线，结果见图 4-7 和图 4-8。图 4-7 是在效率参数 $b = 0.9$ 时，不同平均服务寿命（5 年、6 年、7 年和 8 年）的平均役龄—效率曲线。图 4-8 是平均服务寿命 8 年时，不同效率参数 b（分别取 0.1、0.3、0.5、0.7、0.8 和 0.9）对应的役龄—效率曲线。与图 4-1 相比较，可发现以下情况。

（1）R&D 资产组平均役龄—效率曲线与单一资产的役龄—效率曲线表现出不同的特征，单一资产的役龄—效率曲线是凹向原点，但是资产组正态双曲平均役龄—效率曲线整体呈现倒"S"形，在平均寿命之后表现为拖尾逐步逼近横轴。

（2）单一资产的役龄—效率曲线在最大寿命前迅速下降为 0，资产组平均役龄—效率函数在平均寿命之后迅速下降为 0。

（3）b 值越大，前期平均效率下降较慢。如图 4-8 所示，对于平均服务寿命 8 年的情况，当役龄 $n = 4.5$（服务第 5 年期中）时，$b = 0.9$ 对应的效率为 0.755，$b = 0.1$ 时对应的效率已经下降到 0.363，这说明效率参数越大前期的效率下降最慢，效率参数越小前期平均效率下降最快。

（4）资产组的效率在平均服务寿命处已经下降了 70% ～ 90%。对于平均服务寿命为 8 年时，$b = 0.9$ 对应资产组的效率为 0.268，$b = 0.1$ 对应资产组的效率为 0.081；对于平均寿命为 5 年时，$b = 0.9$ 对应资产组的效率为 0.243，$b = 0.1$ 时资产组对应的效率为 0.078。

（5）资产组不管前期平均效率如何下降，在平均服务寿命之后 2 年迅速下

降直至为 0。以效率参数 $b = 0.9$ 为例，平均服务寿命 8 年的资产在役龄 $n = 9.5$ 时（服务第 10 年的期中），效率仅为 0.059，$n = 11.5$ 时（服务第 12 年期中），效率下降到 0.006。对于平均服务寿命为 5 年时，$n = 5.5$ 时（服务第 6 年期中），效率仅为 0.071，$n = 7.5$ 时（服务第 8 年期中），效率已下降到 0.001。

（6）从图 4 - 7 可知，对于同一个效率参数 b，平均服务寿命越长，前期效率下降得越慢。如 $b = 0.9$ 时，平均服务寿命 5 年的资本在役龄 3.5 年时，效率为 0.518，而平均服务寿命 8 年相应役龄的效率为 0.858。

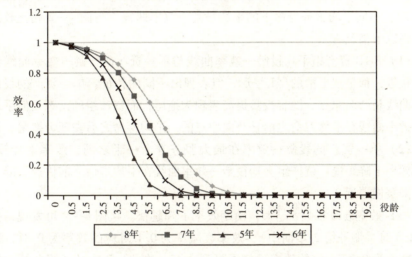

图 4 - 7　$b = 0.9$ 时不同平均服务寿命的平均双曲役龄—效率曲线

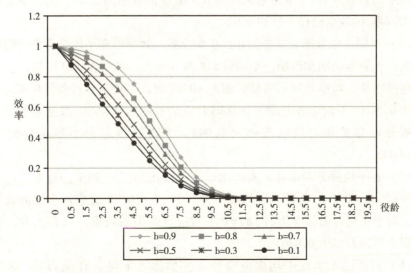

图 4 - 8　平均服务寿命为 8 年的平均双曲役龄—效率曲线

（二）正态几何平均役龄—效率曲线

在正态函数形成的钟形退役模式、单一 R&D 资产为几何役龄—效率函数下，以退役边际概率为权重进行平均，就得到 R&D 资产组的役龄—效率曲线，我们称之为正态几何平均役龄—效率曲线，结果见图 4-9 和图 4-10。其中，图 4-9 是平均服务寿命为 8 年时，不同效率衰减率 δ（取值 0.1、0.15、0.2、0.25、0.3 和 0.35）对应的平均役龄—效率曲线；图 4-10 是效率衰减率为 0.15 时，不同平均服务寿命下的平均役龄—效率曲线。与图 4-2 相比较，可以发现以下情况。

（1）R&D 资产组平均役龄—效率曲线与单一资产的役龄—效率曲线整体形状接近，都呈现平滑的 "L" 形，但表现出不同的特征：单一资产的役龄—效率曲线是凸向原点，随着役龄提高表现为拖尾，而资产组的正态几何平均役龄—效率曲线在平均寿命之前是凸向原点的，平均寿命之后表现为拖尾。

（2）单一资产的役龄—效率在最大服务寿命一半之前，效率下降较快，之后效率下降缓慢。资产组平均役龄—效率曲线在平均寿命之前快速下降，之后下降缓慢逼近 0。

（3）效率衰减参数 δ 越大，前期效率下降越快。从图 4-9 可发现，役龄 $n=1.5$ 时（服务第 2 年期中），效率衰减率为 0.1 对应的效率为 0.81，而效率衰减率为 0.35 对应的效率已经下降到 0.42。在 $n=7.5$ 时（服务第 8 年期中，即平均服务寿命），效率衰减率为 0.1 对应的效率为 0.26，而效率衰减率为 0.35 对应的效率已经下降到 0.02。

（4）对同一个效率衰减参数 δ，平均役龄—效率值在平均服务寿命附近差异较大，在服务前期和后期，平均效率差异并不大。从图 4-10 可知，在服务第 4 年及以前，效率差异不明显，如 $\delta=0.15$ 时，平均服务寿命为 8 年对应的效率为 0.516，平均服务寿命为 5 年时对应的效率为 0.465。服务第 10 年时，平均服务寿命 8 年对应的效率为 0.044，平均服务寿命 5 年对应的效率为 0.00002。

（5）在平均服务寿命处，资产组效率下降了 70% ~ 90%。对于平均寿命为 8 年时，$\delta=0.1$ 对应资产组的效率为 0.26，$\delta=0.35$ 对应资产组的效率为 0.02；对于平均寿命为 5 年时，$\delta=0.1$ 对应资产组的效率为 0.389，$\delta=0.35$ 对应资产组的效率为 0.076。

（6）资产组效率在平均服务寿命 2 年后迅速下降，直至为 0。如平均服务寿命为 8 年，从 $n=9.5$ 到 $n=11.5$（服务的第 10 年到第 12 年）时，

$\delta = 0.1$ 时的平均役龄—效率由 0.078 下降到 0.010；$\delta = 0.15$ 时的平均役龄—效率由 0.044 下降到 0.005；$\delta = 0.35$ 时的平均役龄—效率由 0.003 下降到 0.0002。

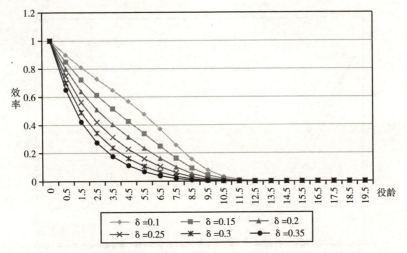

图 4 - 9　平均服务寿命为 8 年的正态几何平均役龄—效率曲线

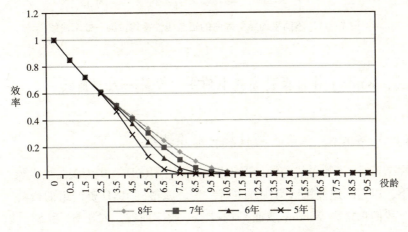

图 4 - 10　不同平均服务寿命的正态几何平均役龄—效率曲线（$\delta = 0.15$）

（三）正态线性平均役龄—效率曲线

同样，对于线性退役，我们也计算了正态退役模式下的 R&D 资产组平均役龄—效率曲线，见图 4 - 11。对比单一 R&D 资产的役龄—效率曲线（见图 4 - 3），可发现以下情况。

（1）平均役龄—效率曲线不是一条线段，而是一条凸向原点的曲线。

（2）在平均寿命之前，效率随着役龄快速下降，在达到平均服务寿命时，资产组的效率均小于 8%，在服务寿命之后的服务年限，效率迅速逼近 0。

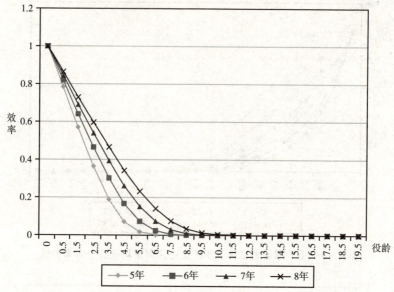

图 4-11　不同平均服务寿命的正态线性平均役龄—效率曲线

二、Winfrey 钟形退役模式下的平均役龄—效率曲线

（一）Winfrey 双曲平均役龄—效率曲线

在 Winfrey 函数形成的钟形退役模式、单一 R&D 资产为双曲线役龄—效率函数下，以边际退役概率为权重进行平均，就得到 R&D 资产组的役龄—效率曲线，我们称之为 Winfrey 双曲平均役龄—效率曲线。对于 S2 和 S3，以及不同的 b 值（分别为 0.1、0.3、0.5、0.7、0.8 和 0.9），结果见图 4-12 至图 4-16。与图 4-1 相比较，可发现：

（1）R&D 资产组平均役龄—效率曲线与单一资产的役龄—效率曲线表现出不同的特征，单一资产的役龄—效率曲线是凹向原点，但是平均役龄—效率曲线整体呈现倒"S"形，在 2 倍平均寿命时效率为 0。

（2）服务前期效率下降较慢，单一资产的役龄—效率曲线在最大寿命前迅速下降为 0，资产组平均役龄—效率函数在平均寿命之后迅速下降为 0。

（3）b值越大，前期平均效率下降越慢。如图4-13所示，对于平均服务寿命为5年的WinfreyS2资产组平均役龄—效率曲线，当役龄$n=3.5$（服务第4年期中）时，$b=0.9$对应的效率为0.662，$b=0.1$时对应的效率已经下降到0.304，这说明效率衰减参数越大前期的效率下降越慢，效率参数越小前期效率下降越快。

（4）资产组的效率在平均服务寿命处已经下降了55%～80%。如对于WinfreyS2，平均服务寿命为8年时，$b=0.9$对应资产组的效率为0.431，$b=0.1$对应资产组的效率为0.155；对于平均寿命为5年时，$b=0.9$对于资产组的效率为0.45，$b=0.1$时资产组对应的效率为0.17。

（5）资产组在2倍平均服务寿命时的效率下降为0。

（6）退役模式WinfreyS2与WinfreyS3对双曲平均役龄—效率曲线几乎没有影响，见图4-14。如对平均服务寿命为8年，$n=7.5$（服务第8年的期中）时，$b=0.9$对应S2、S3资产组效率分别为0.431和0.434，$b=0.1$对应S2、S3资产组效率分别为0.155和0.144；对于平均服务寿命为5年时，$n=4.5$（服务的第5年期中）时，$b=0.9$对应S2、S3资产组效率分别为0.45和0.457，$b=0.1$时对应S2、S3资产组效率分别为0.17和0.161。将平均服务寿命分别为5年和8年的平均Winfrey双曲役龄—效率相比较可发现，退役模式S2、S3下的资产组效率相差的最大值仅为0.045，因此可以判定，S2的资产组役龄—效率与S2的资产组役龄—效率之间没有显著性差异。

表4-5　　WinfreyS2与WinfreyS3平均双曲役龄—效率比较（$b=0.9$）

平均服务寿命/役龄	0	0.5	1.5	2.5	3.5	4.5	5.5	6.5	7.5
5年	0	0.002	0.012	0.038	0.045	0.007	-0.037	-0.042	-0.018
8年	0	0.001	0.004	0.011	0.026	0.041	0.046	0.031	0.003
平均服务寿命/役龄	8.5	9.5	10.5	11.5	12.5	13.5	14.5	15.5	16.5
5年	-0.003	0.000	0.000	0.000	0.000	0.000	0.000	0.000	0.000
8年	-0.026	-0.043	-0.041	-0.028	-0.014	-0.004	-0.001	0.000	0.000

（7）对于同一个效率参数 b，平均服务寿命越长，前期效率下降得越慢，如 $b=0.9$ 时，平均服务寿命 5 年的资产组在役龄 3.5 年时，S2 下对应的效率为 0.5662，而平均服务寿命 8 年的资产组在相应役龄的效率为 0.882。

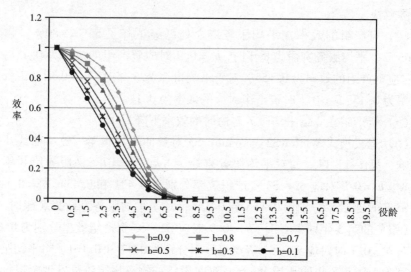

图 4 – 12　平均服务寿命为 5 年的 WinfreyS2 双曲平均役龄—效率曲线

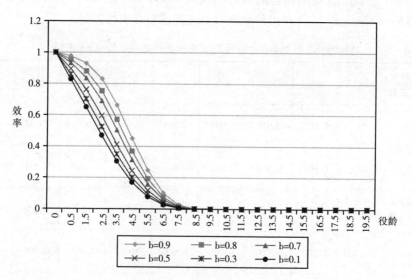

图 4 – 13　平均服务寿命为 5 年的 WinfreyS3 双曲平均役龄—效率曲线

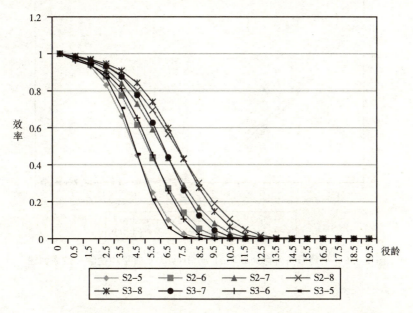

图 4 – 14　b 为 0.9 时不同平均服务寿命下 WinfreyS2 与 WinfreyS3 双曲平均役龄—效率曲线

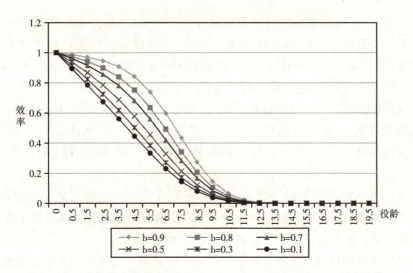

图 4 – 15　平均服务寿命为 8 年的 WinfreyS2 双曲平均役龄—效率曲线

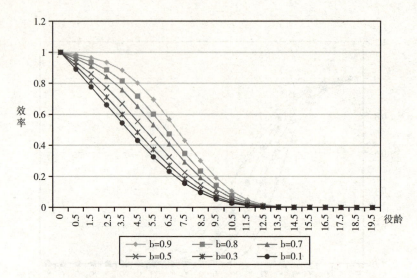

图 4 – 16　平均服务寿命为 8 年的 WinfreyS3 双曲平均役龄—效率曲线

（二）Winfrey 几何平均役龄—效率曲线

在 Winfrey 函数形成的钟形退役模式、单一 R&D 资产为几何役龄—效率函数下，以退役边际概率为权重进行平均，就得到 R&D 资产组的役龄—效率曲线，我们称之为 Winfrey 几何平均役龄—效率曲线，结果见图 4 – 17 至图 4 – 19。与图 4 – 2 相比较，可以发现以下情况。

（1）R&D 资产组平均役龄—效率曲线与单一资产的役龄—效率曲线整体形状接近，都是凸向原点的，但是平均役龄—效率曲线在 2 倍平均寿命时效率为 0，表现为截尾，单一资产役龄—效率随着役龄增大表现为拖尾。

（2）单一资产的役龄—效率在最大服务寿命一半之前，效率下降较快，之后效率下降缓慢。资产组平均役龄—效率曲线在平均寿命之前快速下降，之后下降缓慢，在 2 倍平均服务寿命时，效率为 0。

（3）效率衰减参数 δ 越大，前期效率下降越快。从图 4 – 18 平均服务寿命为 5 年的 WinfreyS2 几何平均役龄—效率曲线可发现，役龄 $n = 1.5$ 时（服务第 2 年期中），效率衰减率 $\delta = 0.1$ 对应的效率为 0.81，而效率衰减率 $\delta = 0.35$ 对应的效率已经下降到 0.423。在 $n = 7.5$ 时（服务第 8 年期中），效率衰减率为 0.1 对应的效率为 0.042，而效率衰减率为 0.35 对应的效率已经下降到 0.003。

（4）对同一个效率衰减参数 δ，资产组的效率值在平均服务寿命附近差异较大，在服务前期和后期，效率差异并不大。从图 4 – 19 可知，在服务第 4 年及以前，效率差异不明显。如 $\delta = 0.15$ 时，对于 S2，平均服务寿命为 8 年的资产组，$n = 3.5$ 对应的效率为 0.518，平均服务寿命为 5 年的资产组对应的效率为 0.487。服务第 10 年，$n = 9.5$ 时，平均服务寿命 8 年资产组对应的效率为 0.087，平均服务寿命 5 年资产组对应的效率为 0。

（5）在平均服务寿命处，资产组效率下降了 50% ~ 90%。如对于 S2，平均寿命为 8 年时（$n = 7.5$）时，$\delta = 0.1$ 对应资产组的效率为 0.312，$\delta = 0.35$ 对应资产组的效率为 0.023；对于平均寿命为 5 年（$n = 4.5$）时，$\delta = 0.1$ 对应资产组的效率为 0.471，$\delta = 0.35$ 对应资产组的效率为 0.093。对于 S3，平均寿命为 8 年时（$n = 7.5$）时，$\delta = 0.1$ 对应资产组的效率为 0.3137，$\delta = 0.35$ 对应资产组的效率为 0.025；对于平均寿命为 5 年（$n = 4.5$）时，$\delta = 0.1$ 对应资产组的效率为 0.509，$\delta = 0.35$ 对应资产组的效率为 0.1。

（6）资产组的效率在 2 倍平均服务寿命时为 0。

（7）退役模式 WinfreyS2 与 WinfreyS3 对几何平均役龄—效率曲线几乎没有影响。将相同平均服务寿命，相同役龄的 S2 效率值减去 S3 相应的效率值，得到比较结果见表 4 – 6（$\delta = 0.15$）。从中可知，效率值相差绝对值最大仅为 0.029，因此我们可以认为退役模式 S2 与 S3 之间对于 R&D 资产组的平均役龄—效率曲线几乎没有影响。

表 4 – 6　　WinfreyS2 与 WinfreyS3 平均几何役龄—效率比较（$\delta = 0.15$）

平均服务寿命/役龄	0	0.5	1.5	2.5	3.5	4.5	5.5	6.5	7.5
5 年	0.000	0.000	0.000	0.006	0.022	0.029	0.010	− 0.013	− 0.017
8 年	0.000	0.000	0.000	0.001	0.004	0.010	0.017	0.020	0.016
平均服务寿命/役龄	8.5	9.5	10.5	11.5	12.5	13.5	14.5	15.5	16.5
5 年	− 0.01	− 0	0	0	0	0	0	0	0
8 年	0.006	− 0	− 0.01	− 0.01	− 0.01	− 0	− 0	− 1E − 04	0

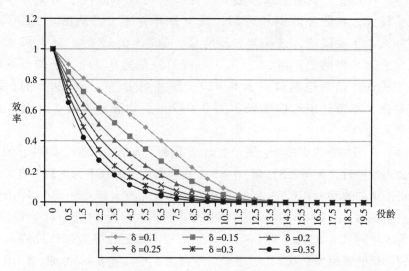

图 4 – 17   平均服务寿命为 8 年的 WinfreyS2 几何平均役龄—效率曲线

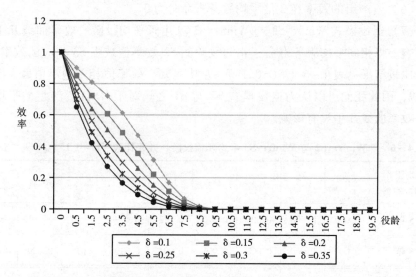

图 4 – 18   平均服务寿命为 5 年的 WinfreyS2 几何平均役龄—效率曲线

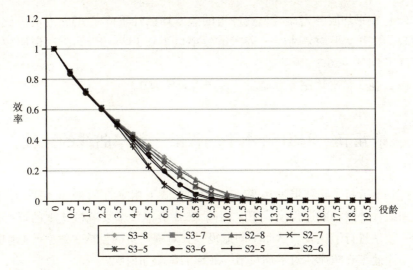

图 4 - 19　不同平均服务寿命下 WinfreyS2 与 WinfreyS3 几何平均役龄—效率曲线（δ = 0.15）

（三）Winfrey 线性平均役龄—效率曲线

同样，对于线性退役，我们也计算了 Winfrey 退役模式下的 R&D 资产组平均役龄—效率曲线，见图 4 - 20。对比单一 R&D 资产的役龄—效率曲线图 4 - 3，可以发现以下情况。

（1）平均役龄—效率曲线不是一条线段，而是一条凸向原点的曲线。

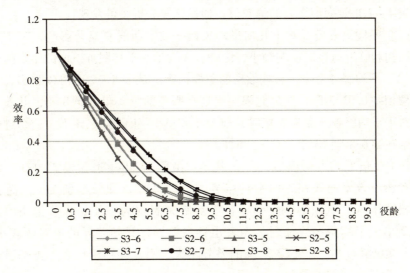

图 4 - 20　Winfrey 线性平均役龄—效率曲线

（2）在平均服务寿命时，资产组的效率均已经下降了 85% 左右。比较分析发现，在到达平均寿命时，资产组效率位于 0.134 ~ 0.158，这说明效率已经下降了 84% ~ 86%。

（3）在 2 倍平均服务寿命时，资产组效率为 0。

第五节　R&D 资本平均役龄—效率曲线的比较

上一节分析了正态退役和 Winfrey 退役模式下相应的 R&D 资本平均役龄—效率曲线，并就相同退役模式下，相同 R&D 资本效率衰减模式下的资产组的役龄—效率进行了比较。然而不同退役模式对资产组的役龄—效率的影响如何呢？不同效率衰减模式对平均役龄—效率的影响如何呢？

一、不同退役模式对平均役龄—效率曲线的影响

（一）正态几何与 Winfrey 几何下的平均役龄—效率曲线

我们选择单一 R&D 资本效率衰减率 $\delta = 0.15$ 时，分析比较两种退役模式下的平均役龄—效率曲线。图 4 – 21 是 WinfreyS2 退役模式，平均服务寿命为 5 年和 8 年的资产组的役龄—效率曲线与正态退役模式下相应的役龄—效率曲线，表 4 – 7 是效率值之差的绝对值。通过比较分析，可发现：

（1）不同退役模式对于几何平均役龄—效率曲线有显著影响，其中对于服役期初和临近退役时影响较小，影响较大发生在平均服务寿命的年限附近。

（2）平均服务寿命是影响效率的重要因素。从表 4 – 7 中可以看出，若以绝对额相差 0.01 为限，超过此限额出现在服务的第 3 年到第 8 年，共 6 年时间。对于平均服务寿命为 8 年时，前 5 年和第 14 年以后差异不大，超过此限额发生在第 6 年到 13 年，共 8 年时间。

（3）2 倍平均寿命以后，存在差异。由于 Winfrey 退役模式的资产组的平均役龄—效率曲线在 2 倍平均服务寿命时截尾，即效率值为 0，而正态退役模式下资产组役龄—效率随着役龄增大表现为拖尾，逐步逼近 0。故对于 2 倍于平均服务寿命时，两者也存在差异，只是差异的绝对额较小。

上文已经分析 S2 与 S3 之间的差异不大，因此此结论代表了正态退役与 Winfrey 退役之间的差异。

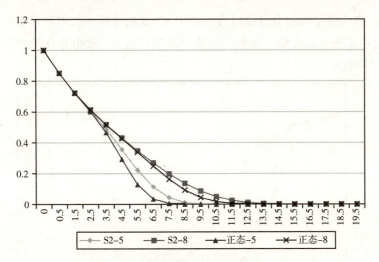

图 4-21　几何效率模式不同退役模式的曲线比较

表 4-7　　　　　　　S2 与正态退役模式下几何平均役龄—效率值比较

平均服务寿命/役龄	0	0.5	1.5	2.5	3.5	4.5	5.5
5 年	0.000	0.000	0.001	0.006	0.022	0.061	0.093
8 年	0.000	0.000	0.000	0.001	0.002	0.004	0.009
平均服务寿命/役龄	6.5	7.5	8.5	9.5	10.5	11.5	12.5
5 年	0.079	0.038	0.010	0.001	0.000	0.000	0.000
8 年	0.020	0.034	0.044	0.043	0.033	0.020	0.010
平均服务寿命/役龄	13.5	14.5	15.5	16.5	17.5	18.5	19.5
5 年	0.000	0.000	0.000	0.000	0.000	0.000	0.000
8 年	0.004	0.001	0.000	0.000	0.000	0.000	0.000

（二）正态双曲与 Winfrey 双曲下的平均役龄—效率曲线

我们选择 b =0.9 时正态双曲平均役龄—效率曲线和 WinfreyS2 双曲平均役龄—效率曲线进行比较分析。图 4-22 是平均服务寿命 5 年和 8 年的对比图，表 4-8 是效率值之差的绝对值。通过比较分析，可发现以下情况。

（1）不同退役模式对于双曲平均役龄—效率曲线有显著影响，在临近退役的年限时影响较小。

（2）平均服务寿命是影响效率的重要因素。仍以 0.01 为临界点，对于 5 年平均服务寿命，发生在第 1 ~ 第 8 年，共 8 年。对于 8 年平均服务寿命时，发生在第 2 ~ 第 13 年，共 12 年。

（3）在 2 倍平均服务寿命以后，由于 S2 双曲役龄—效率曲线截尾，也就是为 0，而正态双曲役龄—效率曲线拖尾逐步逼近 0，故也存在差异，只不过差异绝对额较小。

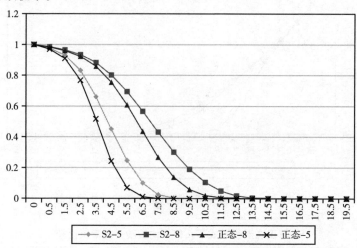

图 4 - 22　　正态双曲与 WinfreyS2 双曲的平均役龄—效率比较

表 4 - 8　　　　　WinfreyS2 与正态退役模式下双曲平均役龄—效率值之差

平均服务寿命/役龄	0.0	0.5	1.5	2.5	3.5	4.5	5.5
5 年	0.000	- 0.006	- 0.022	- 0.063	- 0.145	- 0.207	- 0.177
8 年	0.000	- 0.002	- 0.005	- 0.012	- 0.024	- 0.047	- 0.086
平均服务寿命/役龄	6.5	7.5	8.5	9.5	10.5	11.5	12.5
5 年	- 0.089	- 0.025	- 0.003	0.000	0.000	0.000	0.000
8 年	- 0.131	- 0.163	- 0.163	- 0.131	- 0.085	- 0.044	- 0.017
平均服务寿命/役龄	13.5	14.5	15.5	16.5	17.5	18.5	19.5
5 年	0.000	0.000	0.000	0.000	0.000	0.000	0.000
8 年	- 0.004	- 0.001	0.000	0.000	0.000	0.000	0.000

（三）正态线性与 Winfrey 线性下的平均役龄—效率曲线

图 4 - 23 与表 4 - 9 分别是正态线性与 WinfreyS2 线性平均役龄—效率比较结果，从中可发现以下情况。

（1）不同退役模式对于线性平均役龄—效率曲线有显著影响，差异始于从开始服役时，在临近退役的年限时影响较小。

（2）平均服务寿命是决定差异的重要且主要因素。对于 5 年平均寿命，差异从第 1 年就开始出现，一直持续到第 8 年，共 8 年。对于 8 年平均服务寿命，差异从 1 年就开始出现，一直持续到第 12 年，共 12 年。

（3）由于 WinfreyS2 线性平均役龄—效率函数在 2 倍于平均寿命以后截尾，而正态线性平均役龄—效率函数拖尾逼近于 0，故在 2 倍平均服务寿命以后，两者也存在差异，只不过差异绝对额较小。

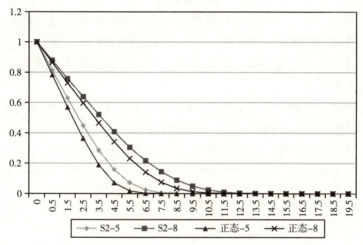

图 4 - 23　正态线性与 WinfreyS2 线性平均役龄—效率比较

表 4 - 9　　　　WinfreyS2 与正态退役模式下线性平均役龄—效率值之差

平均服务寿命/役龄	0	0.5	1.5	2.5	3.5	4.5	5.5
5 年	0.000	−0.030	−0.058	−0.083	−0.097	−0.086	−0.054
8 年	0.000	−0.014	−0.028	−0.042	−0.054	−0.066	−0.074
平均服务寿命/役龄	6.5	7.5	8.5	9.5	10.5	11.5	12.5
5 年	−0.022	−0.005	−0.001	0.000	0.000	0.000	0.000
8 年	−0.076	−0.069	−0.054	−0.036	−0.020	−0.009	−0.003
平均服务寿命/役龄	13.5	14.5	15.5	16.5	17.5	18.5	19.5
5 年	0.000	0.000	0.000	0.000	0.000	0.000	0.000
8 年	−0.001	0.000	0.000	0.000	0.000	0.000	0.000

二、不同效率衰减模式对平均役龄—效率曲线的影响

（一）正态衰减模式下平均役龄—效率曲线的比较

为了说明单一 R&D 资本效率衰减模式对于平均役龄—效率曲线的影响，我们选择 8 年平均服务寿命的三条曲线进行比较。图 4 - 24 是正态退役模式下，几何效率衰减率为 0.15、双曲衰减参数 b = 0.9 和线性衰减的三条曲线，表 4 - 10 是三条效率曲线之差。从中可发现：

（1）平均役龄—效率曲线整体形状不同。双曲平均役龄—效率曲线呈倒 "S" 形，几何和线性的平均役龄—效率曲线呈平滑的 "L" 形。

（2）效率下降趋势不同，双曲平均役龄—效率曲线前期衰减缓慢，其余两者前期快速衰减。

（3）在到达平均服务寿命年限时效率差异较大，如在服役的第 8 年时，双曲、几何和线性平均役龄—效率值分别为 0.27、0.21 和 0.08。

（4）从第 1 年开始，直到第 12 年，效率值之差均不小于 0.01。

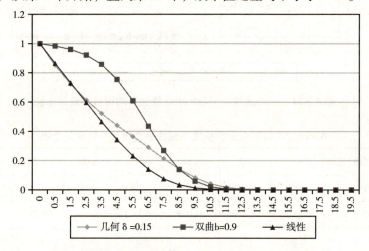

图 4 - 24　正态退役模式下三种平均役龄—效率曲线

表 4 - 10　　　　　正态退役模式下三条曲线的平均役龄—效率之差

效率差/役龄	0	0.5	1.5	2.5	3.5	4.5	5.5
几何—线性	0.000	-0.015	-0.008	0.017	0.056	0.098	0.133
双曲—线性	0.000	0.119	0.230	0.326	0.392	0.413	0.377

续表

效率差/役龄	6.5	7.5	8.5	9.5	10.5	11.5	12.5
几何—线性	0.149	0.138	0.108	0.070	0.037	0.016	0.005
双曲—线性	0.294	0.193	0.104	0.046	0.016	0.005	0.001
效率差/役龄	13.5	14.5	15.5	16.5	17.5	18.5	19.5
几何—线性	0.001	0.000	0.000	0.000	0.000	0.000	0.000
双曲—线性	0.000	0.000	0.000	0.000	0.000	0.000	0.000

（二）Winfrey 退役模式下平均役龄—效率曲线的比较

图 4 - 25 是 WinfreyS2 退役模式下，平均服务寿命为 8 年时，几何效率衰减率为 0.15、双曲衰减参数 $b = 0.9$ 和线性衰减的三条曲线，表 4 - 11 是三条效率曲线之差。从中可发现：

（1）平均役龄—效率曲线整体形状不同。双曲平均役龄—效率曲线呈倒"S"形，几何和线性的平均役龄—效率曲线呈平滑的"L"形。

（2）效率下降趋势不同，双曲平均役龄—效率曲线前期衰减缓慢，其余两者前期快速衰减。

（3）到达平均服务寿命的年限时平均效率差异较大。如在第 8 年时，双曲、几何和线性平均役龄—效率值分别为 0.43、0.20 和 0.14。

（4）从第 1 年开始，直到第 13 年，效率值均不小于 0.01。

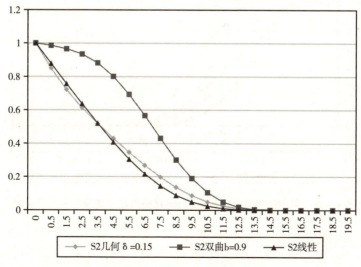

图 4 - 25　WinfreyS2 退役模式下的平均役龄—效率曲线

表 4 - 11　　　　　　　Winfrey 退役模式下平均役龄—效率值的差额

效率差/役龄	0.0	0.5	1.5	2.5	3.5	4.5	5.5
几何—线性	0.000	− 0.029	− 0.036	− 0.025	− 0.003	0.022	0.041
双曲—线性	0.000	0.107	0.208	0.296	0.362	0.393	0.389
效率差/役龄	6.5	7.5	8.5	9.5	10.5	11.5	12.5
几何—线性	0.052	0.054	0.048	0.037	0.026	0.016	0.008
双曲—线性	0.350	0.287	0.212	0.141	0.081	0.039	0.015
效率差/役龄	13.5	14.5	15.5	16.5	17.5	18.5	19.5
几何—线性	0.003	0.001	0.000	0.000	0.000	0.000	0.000
双曲—线性	0.004	0.001	0.000	0.000	0.000	0.000	0.000

　　为了便于更清楚看出区别，我们将图 4 - 24 和图 4 - 25 绘制在一起，见图 4 - 26 平均服务寿命为 8 年的平均役龄—效率曲线。位于上面的曲线效率较高，表明效率衰减得较慢，比较可知双曲效率衰减最慢，线性效率衰减最快。

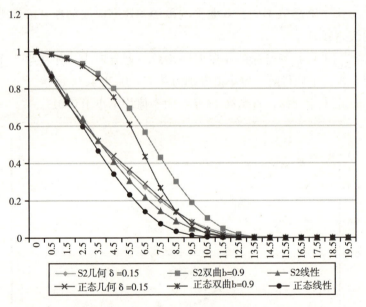

图 4 - 26　平均服务寿命为 8 年的 R&D 资产组平均役龄—效率曲线

第五章 中国 R&D 资本平均役龄—价格曲线模拟

第一节 R&D 资本折旧/固定资本消耗的概念与范围

国民账户中的折旧是指一项资产或一类资产的价值随着其役龄的增加而减少的价值，是一个流量概念。在经济上，折旧解释了由于其在生产中使用而造成的资本价值损失，因此最好将折旧描述为"从收入中扣除"。正是由于"在生产中价值损失"的意义，SNA 中也常用"固定资本消耗"（consumptions of fixed capital, CFC）作为同义词，很多国家的国民账户中，比如美国均使用了"资本消耗"一词。①

2008 年 SNA 中界定的固定资本消耗是生产用固定资产价值的负向变动项目，它必须参照一套给定的价格，即核算期内该类固定资产的平均价格来衡量。故固定资产消耗也可界定为一家企业所拥有的固定资产在核算期的期初期末之间，由于生产中使用导致的固定资产物质损耗，以及正常陈旧和意外损坏而引起的价值下降。从国民账户的角度来看，测度折旧的主要目的是从各种"毛"经济流量测度中扣除，以获得相应的"净值"，特别是生产和收入（净国内生产、净增加值）以及需求变量的数量（如净投资）。"净"测度在分析中起到特殊的作用，特别是净测度方法更加接近福利概念的测度，如净资本存量是财富的衡量标准，也比"毛"测度（资本存量总额）更准确反映供应大小。因此折旧，或者说固定资本消耗是资本测度必不可少的环节和要素。那么折旧应该包括哪些内容呢？或者说折旧的范围有哪些构成呢？

第一，资产在核算期间的价值下降（折旧）由两个因素决定：一个是资

---

① 折旧与固定资本消耗反映了相同的概念和内涵，在国民账户中通常使用后者，在经济分析中通常使用前者。

产所在类别的资产价格变化，一般来讲是上升的；另一个给定资产类别的特定价格水平后，反映资产老化的价格变化。例如，通过比较新资产的价格与一年期资产的价格来衡量。是应该使用后者来获取折旧，还是将两者一起纳入折旧测度中，学术界对此仍有争议，大多数倾向于仅仅将由于老化而引起的价格变化来测度折旧，因此往往要控制资产价格的变化。由于国民账户中一个时期内的经济流量是根据这一时期的一组给定的平均价格来衡量的，故"国民账户体系"特别说明"固定资本的消耗必须参照给定的价格，即期间的平均价格"来衡量。

第二，"正常意外损坏"是指生产过程中使用资产时经常遇到的各种意外。如果将仪器设备视为"硬资本"，那么 R&D 资本可视为"软资本"，R&D 资本要在生产中发挥作用一般要借助"硬资本"，或者说体现在"硬资本"之上。如果"硬资本"出现严重损坏需要提前报废，转而替代以更先进的设备，也就意味着 R&D 资本遭受"正常意外损坏"，因此在估计 R&D 资本服务寿命时，应反映由于意外损失而过早废弃的可能性。

第三，"异常意外过时"应不在 R&D 固定资产消耗之内。不可预见地过时而导致的 R&D 资产过早废弃，其处理方式应该与战争或者自然灾害造成的资产损失相同，在"资产数量的其他变化"中列出。

第二节　R&D 资本役龄—价格曲线

R&D 资产价值的变化主要受两个因素影响：一个是常规的资产价格长期变化，另一个是随着役龄的增加，或者说随着其用于生产过程，因折旧而导致的价值损失。役龄—价格函数描述的就是随着役龄增加，资产价值的变化情况，根据公式（3-28），资产的役龄—价格函数是 n 岁旧资产在时期 t 期初的价格 P_n^{tB} 与时期 t 期初其作为新资产价格之比，$\psi_n = P_n^{tB}/P_0^{tB}$，$n = 0.5, 1.5, 2.5, \cdots\cdots$

在役龄—效率函数的时间不变性和不同役龄之间良好替代性的假设下，也就是在成本最小化生产者的资本最优化条件下，R&D 资本的役龄—效率曲线和役龄—价格曲线具有对应性，因此，可以从役龄—效率曲线导出役龄—价格曲线，根据役龄—价格的定义：

$$\psi_n = \frac{P_n^{tB}}{P_0^{tB}} = \frac{f_n^t\left(1+r_{(tB)}\right)^{-1}+f_{n+1}^{t+1}\left(1+r_{(tB)}\right)^{-2}+f_{n+2}^{t+2}\left(1+r_{(tB)}\right)^{-3}+\cdots}{f_0^t\left(1+r_{(tB)}\right)^{-1}+f_1^{t+1}\left(1+r_{(tB)}\right)^{-2}+f_2^{t+2}\left(1+r_{(tB)}\right)^{-3}+\cdots}$$

$$= \frac{f_n^t\left(1+r_{(tB)}\right)^{-1}+f_{n+1}^t\left(1+i_{(tB)}\right)\left(1+r_{(tB)}\right)^{-2}}{f_0^t\left(1+r_{(tB)}\right)^{-1}+f_1^t\left(1+i_{(tB)}\right)\left(1+r_{(tB)}\right)^{-2}}$$

$$\frac{+f_{n+2}^t\left(1+i_{(tB)}\right)^2\left(1+r_{(tB)}\right)^{-3}+\cdots}{+f_2^t\left(1+i_{(tB)}\right)^2\left(1+r_{(tB)}\right)^{-3}+\cdots}$$

$$= \frac{h_n\left(1+r_{(tB)}\right)^{-1}+h_{n+1}\left(1+i_{(tB)}\right)\left(1+r_{(tB)}\right)^{-2}}{\left(1+r_{(tB)}\right)^{-1}+h_1\left(1+i_{(tB)}\right)\left(1+r_{(tB)}\right)^{-2}}$$

$$\frac{+h_{n+2}\left(1+i_{(tB)}\right)^2\left(1+r_{(tB)}\right)^{-3}+\cdots}{+h_2\left(1+i_{(tB)}\right)^2\left(1+r_{(tB)}\right)^{-3}+\cdots}$$

$$= \frac{h_n+h_{n+1}\left(1+i_{(tB)}\right)\left(1+r_{(tB)}\right)^{-1}+h_{n+2}\left(1+i_{(tB)}\right)^2\left(1+r_{(tB)}\right)^{-2}+\cdots}{1+h_1\left(1+i_{(tB)}\right)\left(1+r_{(tB)}\right)^{-1}+h_2\left(1+i_{(tB)}\right)^2\left(1+r_{(tB)}\right)^{-2}+\cdots}$$

$$(5-1)$$

其中，$f_{n+1}^{t+1}=f_{n+1}^t\left(1+i_{(tB)}\right)$、$i_{(tB)}^{i,t}=P_0^{i,tE}/P_0^{i,tB}-1$，这说明给定资产组的役龄—效率曲线 h_n、名义收益率 r 以及名义持有收益/损失 i，可得到相应的该资产组的役龄—价格曲线。

收益率的确定是个难题，这里我们采用外生法，借鉴美国 R&D 卫星账户中相近时期的平均收益率 8.8% 作为我国 R&D 的收益率，同时假设收益率恒定；计算的 1995~2014 年我国名义 R&D 增长率为 15.3%；根据公式 5-1 可求得各种资产组平均役龄—效率曲线对应的平均役龄—价格曲线。

一、正态退役模式下的平均役龄—价格曲线

（一）正态双曲平均役龄—价格曲线

由正态双曲平均役龄—效率曲线导出的役龄—效率曲线称为正态双曲平均役龄—价格曲线，结果见图 5-1 至图 5-3。对应不同的 b 值（分别为 0.1、0.3、0.5、0.7、0.8 和 0.9），给出了 6 条曲线。比较可发现：

（1）正态双曲平均役龄—价格曲线是一条凸向原点的平滑的"L"形曲线；

（2）役龄确定后，双曲参数 b 越大，对应的价格越高。例如，对于平均寿命为 8 年、$n=3.5$ 时，$b=0.9$ 对应的价格为 0.41，而 $b=0.1$ 对应的价格为 0.28；

（3）在到达平均服务寿命年限时，各平均价格均低于 0.07。在平均服务寿命年限，价格最高的是 0.066（平均服务寿命 5 年，$b=0.9$），最低的是 0.027（平均负服务寿命 8 年，$b=0.1$）；

（4）双曲参数和役龄确定后，平均服务寿命越长，相应的价格越高。例如，对于 $b=0.9$、$n=3.5$ 时，平均服务寿命为 8 年对应的价格为 0.41，而平均服务寿命为 5 年对应的价格为 0.17；

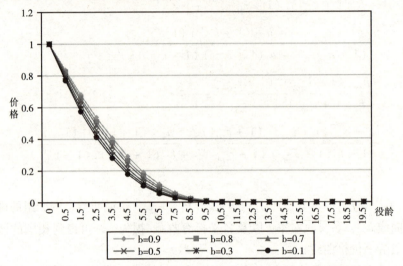

图 5-1   平均服务寿命为 8 年的正态双曲平均役龄—价格曲线

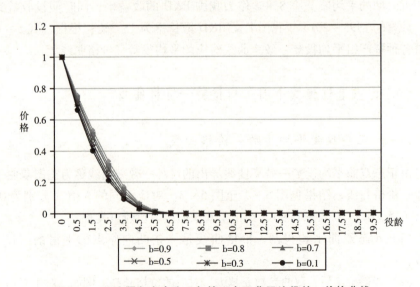

图 5-2   平均服务寿命为 5 年的正态双曲平均役龄—价格曲线

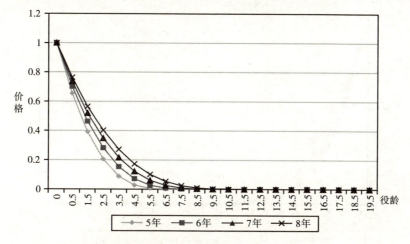

图 5 - 3　不同平均服务寿命的正态双曲平均役龄—价格曲线（b = 0.9）

（5）平均役龄—价格曲线随役龄表现为拖尾。随着役龄的增加，价格逐渐降低，拖尾逼近于 0。如平均服务寿命为 8 年（b = 0.9），在 n = 18.5 时的价格，在小数点后 11 位数非 0；平均服务寿命为 5 年（b = 0.9），在 n = 13.5 时的价格，在小数点后 16 位非 0。

（二）正态几何平均役龄—价格曲线

由正态几何平均役龄—效率曲线导出的役龄—价格曲线称为正态几何平均役龄—价格曲线，结果见图 5 - 4 至图 5 - 6。

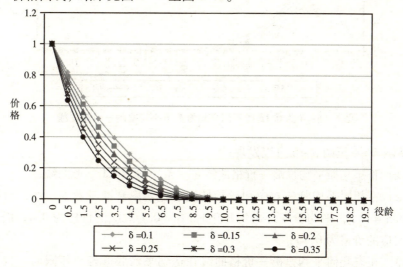

图 5 - 4　平均服务寿命为 8 年的正态几何平均役龄—价格曲线

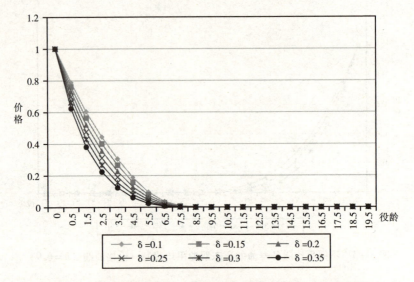

图 5-5　平均服务寿命为 5 年的正态几何平均役龄—价格曲线

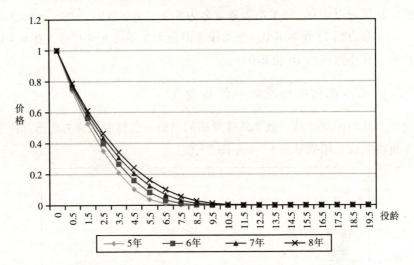

图 5-6　δ 为 0.15 时不同平均寿命下平均役龄—价格曲线

从图 5-4 至图 5-6 可以发现：

（1）正态几何平均役龄—价格曲线是一条平滑的 "L" 形曲线；

（2）在相同平均服务寿命和役龄情况下，效率衰减参数 δ 越小，价格越高。如 $n = 3.5$，平均服务寿命为 8 年时，$δ = 0.1$ 对应的价格为 0.4，而 $δ = 0.35$ 对应的价格为 0.15；

（3）正态几何平均役龄—价格曲线在达到平均服务寿命年限时，价格大都小于 0.1。除了平均服务寿命为 5 年，$\delta = 0.1$ 时价格为 0.12，$\delta = 0.15$ 时价格为 0.102 外，其余价格均小于 0.1；价格最低的是平均服务寿命为 8 年，$\delta = 0.35$ 时价格为 0.0107；

（4）正态几何平均役龄—价格曲线随着役龄 n 的增大，表现为拖尾，逐步降低逼近 0；

（5）在效率衰减参数、役龄都相同的条件下，平均服务寿命越高，对应的价格越高。

（三）正态线性平均役龄—价格曲线

由正态线性平均役龄—效率曲线导出的役龄—价格曲线称为正态线性平均役龄—价格曲线，结果见图 5 - 7。从中可以发现：

（1）正态线性平均役龄—价格曲线是一条平滑的"L"形曲线；

（2）正态线性平均役龄—价格曲线在达到平均服务寿命年限时，价格都小于 0.03；

（3）正态线性平均役龄—价格曲线随着役龄 n 的增大，表现为拖尾，逐步降低逼近 0；

（4）在相同役龄条件下，平均服务寿命越高，对应的价格越高。

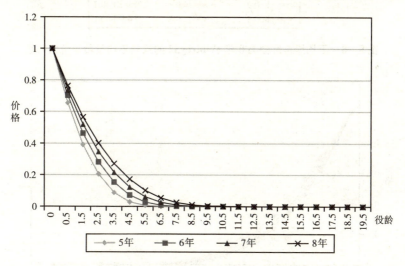

图 5 - 7　正态线性平均役龄—价格曲线

二、Winfrey 退役模式下的役龄—价格曲线

（一）Winfrey 双曲平均役龄—价格曲线

由 Winfrey 双曲平均役龄—效率曲线导出的役龄—价格曲线称为 Winfrey 双曲平均役龄—价格曲线，结果见图 5-8 至图 5-12。

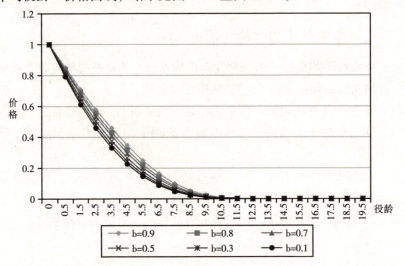

图 5-8 平均服务寿命为 8 年 WinfreyS2 的双曲平均役龄—价格曲线

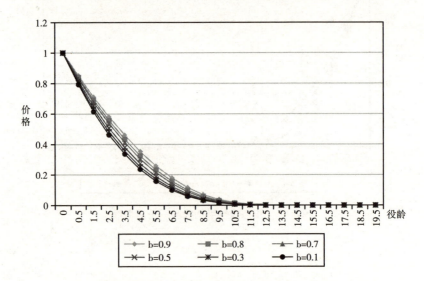

图 5-9 平均服务寿命为 8 年 WinfreyS3 的双曲平均役龄—价格曲线

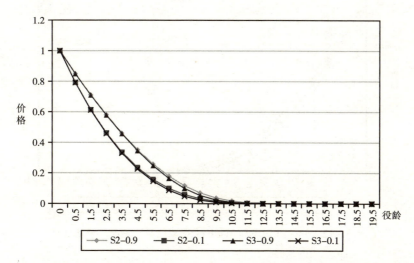

图 5 – 10 平均服务寿命为 8 年 WinfreyS2 与 WinfreyS3 双曲平均役龄—价格比较

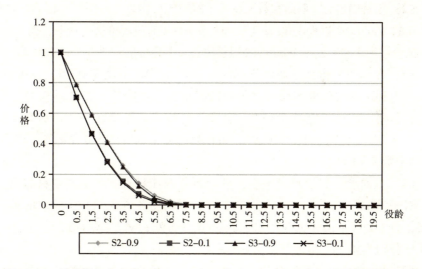

图 5 – 11 平均服务寿命为 5 年 WinfreyS2 与 WinfreyS3 双曲平均役龄—价格比较

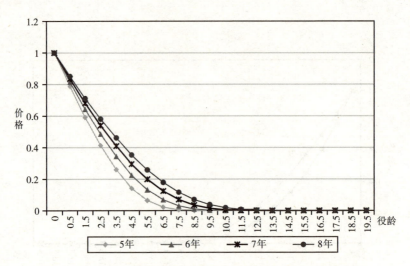

图 5－12 $b=0.9$ 时不同 WinfreyS2 双曲平均役龄—价格曲线

分析可知：

（1） Winfrey 双曲平均役龄—价格曲线是一条凸向原点的平滑的"L"形曲线；

（2） 役龄确定后，双曲参数 b 越大，对应的价格越高。例如，对于平均寿命为 8 年的 WinfreyS2 退役模式，$n=3.5$ 时，$b=0.9$ 对应的价格为 0.46，而 $b=0.1$ 对应的价格为 0.34；对于 WinfreyS2 退役模式，上述价格分别为 0.46 和 0.33；

（3） 在到达平均服务寿命年限时，资产组价格不高于 0.15。分析发现，在资产组到达平均服务寿命时，平均役龄价格已经降低，不超过 0.15，也就是说，不超过新资产价格的 15%。其中，价格最高发生在平均寿命为 5 年的 S2，为 0.142（此时参数 $b=0.9$）；最低发生在平均寿命为 8 年的 S2，为 0.05（此时参数 $b=0.1$）；

（4） 双曲参数和役龄确定后，平均服务寿命越长，相应的价格越高。例如，对于 WinfreyS2，$b=0.9$、$n=3.5$ 时，平均服务寿命为 8 年对应的价格为 0.46，而平均服务寿命为 5 年对应的价格为 0.26；对于 WinfreyS2，上述对应的价格分别为 0.457 和 0.25；

（5） Winfrey 双曲平均役龄—价格曲线在 2 倍平均服务寿命处截尾，也就是价格为 0。由于 Winfrey 退役模式中，2 倍于平均服务寿命时全部退役，因此也就意味着此时资产价格为 0；

（6） 在相同平均服务寿命下，WinfreyS2 与 S2 之间的平均役龄价格有显著差异。以绝对额 0.01 为临界值，$b=0.9$ 时为例，在平均寿命为 8 年时，价格差异超过临界值从第 5 年持续到第 12 年，平均寿命为 5 年时，价格差额超过临界值从第 4 年持续到第 7 年。

（二）Winfrey 几何平均役龄—价格曲线

由 Winfrey 几何平均役龄—效率曲线导出的役龄—价格曲线称为 Winfrey 几何役龄—价格曲线，结果见图 5 - 13 至图 5 - 16。

分析发现：

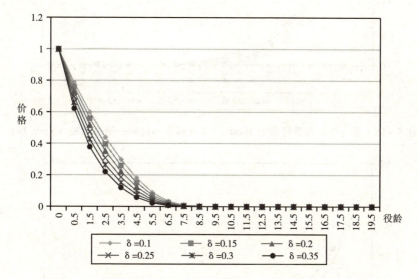

图 5 - 13　平均服务寿命为 5 年 WinfreyS2 的几何役龄—价格曲线

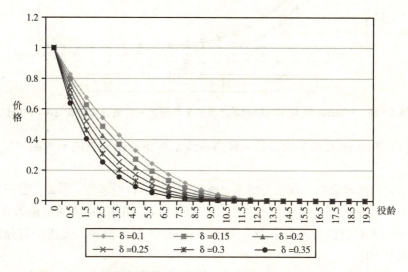

图 5 - 14　平均服务寿命为 8 年 WinfreyS2 的几何役龄—价格曲线

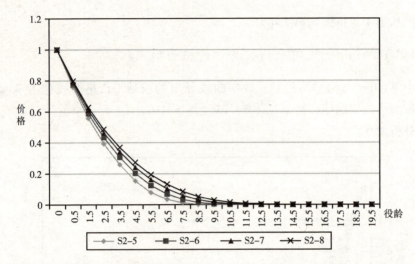

图 5 - 15　不同平均服务寿命的 WinfreyS2 几何平均役龄—价格比较（$\delta = 0.15$）

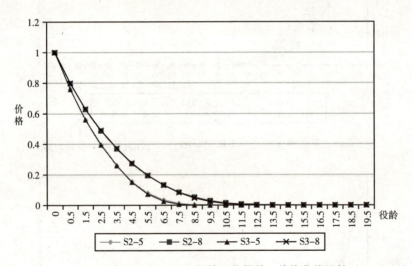

图 5 - 16　WinfreyS2 与 WinfreyS3 之间的平均役龄—价格曲线比较（$\delta = 0.15$）

（1）Winfrey 几何平均役龄—价格曲线是一条凸向原点的平滑的"L"形曲线；

（2）役龄确定后，效率衰减率 δ 越小，对应的价格越高。例如，对于平均寿命为 8 年的 WinfreyS2 退役模式，$n = 3.5$ 时，$\delta = 0.15$ 对应的价格为 0.37，而 $\delta = 0.35$ 对应的价格为 0.16；对于 WinfreyS3 退役模式，上述价格分别为 0.28 和 0.10；

（3）在到达平均服务寿命年限时，各平均役龄价格均低于 0.185。也就是说，到达平均寿命年限时，资产组价格不高于新资产价格的 18.5%。其中，价格最高发生在平均寿命为 5 年的 S2，为 0.184（此时 δ = 0.1）；最低发生在平均寿命为 8 年 S2，为 0.0154（此时 δ = 0.35）；

（4）效率衰减参数 δ 和役龄确定后，平均服务寿命越长，相应的价格越高。例如，对于 WinfreyS2，δ = 0.15、n = 3.5 时，平均服务寿命为 8 年对应的价格为 0.37，而平均服务寿命为 5 年对应的价格为 0.26；对于 WinfreyS3，上述对应的价格分别也为 0.37 和 0.26；

（5）Winfrey 几何平均役龄—价格曲线在 2 倍平均服务寿命处截尾，也就是价格为 0。由于 Winfrey 退役模式中，2 倍于平均服务寿命时全部退役，因此也就意味着此时资产价格为 0；

（6）在平均服务寿命相同时，WinfreyS2 与 WinfreyS3 之间的平均役龄价格有显著差异。以 δ = 0.15 时为例，在平均寿命为 8 年时，价格差异超过 0.01 发生在第 9 年到第 11 年。在平均寿命为 5 年时，价格差异超过 0.01 发生在第 6 年到第 8 年。

（三）Winfrey 线性平均役龄—价格曲线

由 Winfrey 线性平均役龄—效率曲线导出的役龄—价格曲线称为 Winfrey 线性平均役龄—价格曲线，结果见图 5 – 17 至图 5 – 18。

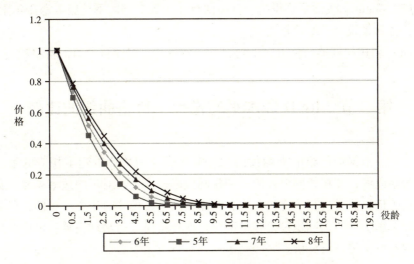

图 5 – 17　WinfreyS2 不同平均寿命下的线性役龄—价格曲线

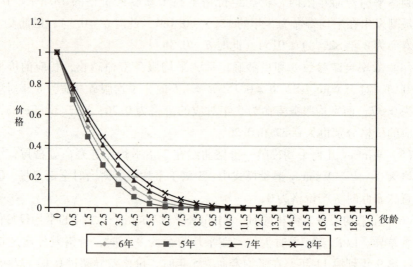

图 5 – 18　WinfreyS2 不同平均寿命下的线性役龄—价格曲线

分析发现：

（1）Winfrey 线性平均役龄—价格曲线是一条平滑的"L"形曲线；

（2）Winfrey 线性平均役龄—价格曲线在达到平均服务寿命年限时，价格都小于 0.07；

（3）Winfrey 线性平均役龄—价格曲线在达到 2 倍的平均服务寿命年限时，截尾，也就是说资产组价格为 0；

（4）在相同役龄条件下，平均服务寿命越高，对应资产组的价格越高。

第三节　R&D 资本平均役龄—价格曲线的比较

上一节依据资产组的平均役龄—效率曲线分别估计得到了相应的平均役龄—价格曲线，并在相同退役模式和相同效率模式下，对不同效率衰减参数形成的役龄价格曲线进行了比较分析。然而不同退役模式对于资产组的役龄—价格有什么影响呢？相同退役模式下不同效率衰减模式对平均役龄—价格有什么影响呢？下文将进行分析。

一、不同退役模式对资产组平均役龄—价格的影响

（一）正态几何与 Winfrey 几何下的平均役龄—价格曲线

我们选择效率衰减率 δ 为 0.15 时，对比分析正态退役模式和 Winfrey 退役模式下几何平均役龄—价格曲线之间的差异。这里以 S2 代表 Winfrey 退役模式。

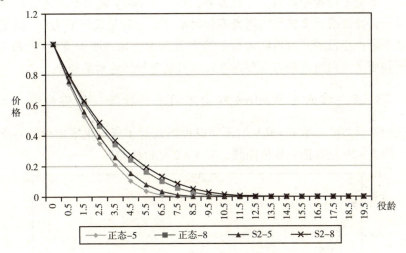

图 5-19　不同退役模式的几何平均役龄—价格曲线

表 5-1　　　　　　不同退役模式下几何平均役龄—价格的差额

平均服务寿命/役龄	0	0.5	1.5	2.5	3.5	4.5	5.5
5	0.000	0.018	0.032	0.043	0.050	0.051	0.042
8	0.000	0.009	0.017	0.023	0.027	0.030	0.032
平均服务寿命/役龄	6.5	7.5	8.5	9.5	10.5	11.5	12.5
5	0.025	0.010	0.002	0.000	0.000	0.000	0.000
8	0.032	0.030	0.024	0.018	0.011	0.005	0.002
平均服务寿命/役龄	13.5	14.5	15.5	16.5	17.5	18.5	19.5
5	0.000	0.000	0.000	0.000	0.000	0.000	0.000
8	0.001	0.000	0.000	0.000	0.000	0.000	0.000

（1）不同退役模式对于几何平均役龄—价格曲线有显著影响，在临近退役时影响较小；

（2）相同役龄条件下，Winfrey 退役模式的资产组价格大于正态退役模式下的价格；

（3）平均服务寿命是影响价格差异的重要因素。从表 5 - 1 中可以看出，若以绝对额相差 0.01 为限，从服役的第 1 年开始，5 年平均服务寿命的持续到第 8 年，共 8 年时间。8 年平均服务寿命的持续到 12 年，共 12 年；

（4）价格差异随着役龄逐年扩大，在接近平均服务寿命年限时达到最大然后又逐年缩小；

（5）2 倍平均寿命以后，存在差异。由于 Winfrey 退役模式的资产组的平均役龄—价格曲线在 2 倍平均服务寿命时截尾，也就是价格值为 0，而正态退役模式下资产组役龄—价格随着役龄增大表现为拖尾，逐步逼近 0。故对于 2 倍于平均服务寿命时，两者也存在差异，只是差异的绝对额较小。

（二）正态双曲与 Winfrey 双曲下的平均役龄—价格曲线

我们选择双曲参数 b =0.9 时不同退役模式对于资产组平均役龄—价格的影响。图 5 - 20 是役龄—价格曲线，表 5 - 2 是价格差异。

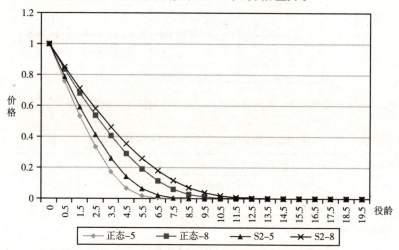

图 5 - 20   不同退役模式下双曲平均役龄—价格曲线

分析发现：

（1）不同退役模式对于双曲平均役龄—价格曲线有显著影响，在临近退役时影响较小；

（2）在相同役龄条件下，Winfrey 退役模式的资产组价格大于正态退役模式的资产组价格；

（3）平均服务寿命是影响价格差异的重要因素。从表 5 – 2 中可以看出，若以绝对额相差 0.01 为限，从服役的第 1 年开始超过限额，5 年平均服务寿命的持续到第 8 年，共 8 年时间。8 年平均服务寿命的持续到 12 年，共 12 年；

（4）价格差异随着役龄逐年扩大，在接近平均服务寿命年限时达到最大然后又逐年缩小；

（5）2 倍平均寿命以后，存在差异。由于 Winfrey 退役模式的资产组的平均役龄—价格曲线在 2 倍平均服务寿命时截尾，也就是价格值为 0，而正态退役模式下资产组役龄—价格随着役龄增大表现为拖尾，逐步逼近 0。故对于 2 倍平均服务寿命时，两者也存在差异，只是差异的绝对额较小。

表 5 – 2　　　　　　　　不同退役模式下双曲平均役龄—价格差异

平均服务寿命/役龄	0	0.5	1.5	2.5	3.5	4.5	5.5
5	0.000	0.031	0.058	0.079	0.088	0.076	0.047
8	0.000	0.016	0.031	0.044	0.055	0.064	0.068
平均服务寿命/役龄	6.5	7.5	8.5	9.5	10.5	11.5	12.5
5	0.019	0.005	0.000	0.000	0.000	0.000	0.000
8	0.066	0.057	0.043	0.028	0.015	0.006	0.002
平均服务寿命/役龄	13.5	14.5	15.5	16.5	17.5	18.5	19.5
5	0.000	0.000	0.000	0.000	0.000	0.000	0.000
8	0.000	0.000	0.000	0.000	0.000	0.000	0.000

（三）　正态线性与 Winfrey 线性下的平均役龄—价格曲线

我们分别选择了平均服务寿命为 5 年和 8 年的线性平均役龄—价格进行对比，分析退役模式的影响。分析图 5 – 21 和表 5 – 3 可知：

（1）不同退役模式对于线性平均役龄—价格曲线有显著影响，在临近退役时影响较小；

（2）相同役龄条件下，Winfrey 退役模式的资产组价格大于正态退役模式的资产组价格；

（3）平均服务寿命是影响价格差异的重要因素。从表 5 – 3 中可以看出，若以绝对额相差 0.01 为限，从服役的第 1 年开始超过限额，5 年平均服务寿命的持续到第 7 年，共 7 年时间。8 年平均服务寿命的持续到 11 年，共 11 年时间；

（4）价格差异随着役龄逐年扩大，在接近平均服务寿命年限时达到最大然后又逐年缩小；

（5）2倍平均寿命以后，存在差异。由于 Winfrey 退役模式的资产组的平均役龄—价格曲线在2倍平均服务寿命时截尾，也就是价格值为0，而正态退役模式下资产组役龄—价格随着役龄增大表现为拖尾，逐步逼近0。故对于2倍于平均服务寿命时，两者也存在差异，只是差异的绝对额较小。

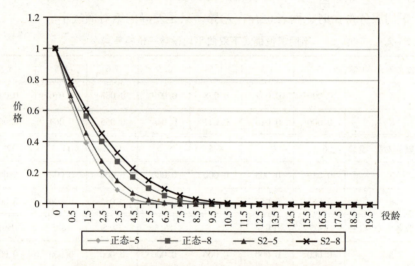

图 5-21　不同退役模式下线性平均役龄—价格曲线

表 5-3　　　　　　　　　不同退役模式下线性平均役龄价格差异

平均服务寿命/役龄	0	0.5	1.5	2.5	3.5	4.5	5.5
5	0.000	0.042	0.065	0.070	0.061	0.042	0.021
8	0.000	0.024	0.041	0.052	0.057	0.056	0.051
平均服务寿命/役龄	6.5	7.5	8.5	9.5	10.5	11.5	12.5
5	0.007	0.002	0.000	0.000	0.000	0.000	0.000
8	0.042	0.031	0.020	0.012	0.006	0.002	0.001
平均服务寿命/役龄	13.5	14.5	15.5	16.5	17.5	18.5	19.5
5	0.000	0.000	0.000	0.000	0.000	0.000	0.000
8	0.000	0.000	0.000	0.000	0.000	0.000	0.000

二、不同效率衰减模式对资产组平均役龄—价格的影响

（一）正态退役模式下的平均役龄—价格曲线比较

为了比较不同资产效率衰减模式对于资产组平均役龄—价格曲线的影响，我们首先在正态退役模式下选择线性衰减、几何（衰减率为 0. 15）和双曲（衰减参数为 0. 9）三种衰减模式下的役龄—价格曲线进行比较，见图 5 - 22。

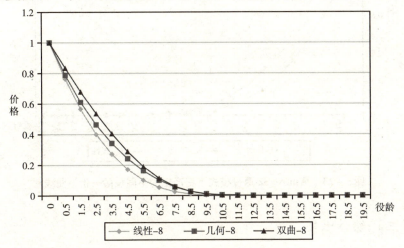

图 5 - 22　正态退役模式下资产组的不同役龄—价格曲线

（1）资产组的平均役龄—价格曲线都是一条平滑的"L"形曲线；

（2）在相同役龄条件下，三者的大小关系是：双曲役龄价格 > 几何役龄价格 > 线性役龄价格；

（3）价格的显著差异在服役的第 1 年就开始，价格差异随着役龄逐步扩大，在接近平均服务寿命年限时达到最大，然后逐年缩小。

（二）Winfrey 退役模式下的平均役龄—价格曲线比较

在 WinfreyS2 退役模式下，平均服务寿命为 8 年的资产组的几何（效率衰减参数为 0. 15）、双曲（效率衰减参数为 0. 9）与线性平均役龄—价格曲线如图 5 - 23 所示。

（1）资产组的平均役龄—价格曲线都是一条平滑的"L"形曲线；

（2）在相同役龄条件下，三者对应的资产组平均价格大小关系是：双曲模式 > 几何模式 > 线性模式；

（3）价格的显著差异在服役的第 1 年就开始，价格差异随着役龄逐步扩大，在接近平均服务寿命年限时达到最大，然后逐年缩小；

（4）役龄在 2 倍于平均服务寿命时，资产组的平均役龄价格截尾，即为 0。

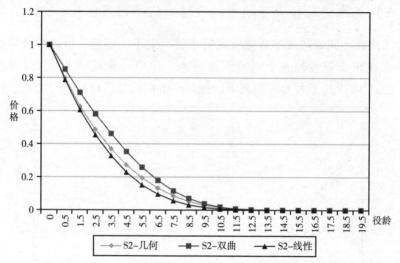

图 5－23　WinfreyS2 退役模式下资产组的不同役龄—价格曲线

（三）综合比较

为了综合说明退役模式的影响，我们将平均服务寿命 8 年的 6 条曲线进行综合比较，其中几何平均役龄—价格曲线的参数为 0.15，双曲参数为 0.9，见图 5－24 所示。

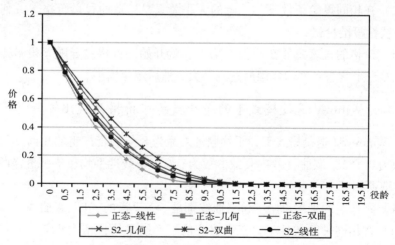

图 5－24　不同退役模式下平均役龄—价格曲线比较图

（1）R&D 资产组的平均役龄—价格曲线为一条平滑的"L"形曲线；

（2）在相同条件下，Winfrey 退役模式的资产组价格大于正态退役模式；

（3）在相同条件下，资产组平均价格大小关系是：双曲模式 > 几何模式 > 线性模式；

（4）不同退役模式对于资产组的平均役龄—价格曲线有显著影响；

（5）各平均价格之间的差异在服役的第 1 年就比较显著，价格差异随着役龄逐年扩大，在接近平均服务寿命年限时达到最大然后又逐年缩小，在临近退役时差异最小；

（6）2 倍平均寿命以后，Winfrey 退役模式的平均役龄—价格为 0，而正态退役模式的平均役龄—价格不为 0。

第四节　R&D 资本役龄—折旧率曲线

折旧率或者资本消耗率是描述 R&D 资本价值变化的另一个途径，时期 t 资产的役龄由 n 变化到 $n+1$ 时，资产价值的变化率称为役龄 n 资产的折旧率，即：

$$\delta_n = (P_n^{tB} - P_{n+1}^{tB})/P_n^{tB} = 1 - \psi_{n+1}/\psi_n \tag{5-2}$$

因此，由役龄—价格函数就可以得出折旧率。需要说明的是，若已知折旧率的值，也可以得到相应的役龄—价格函数：$\psi_{n+1} = \psi_n(1 - \delta_n)$。但是通常在估计折旧率时假设折旧绝对额恒定或者折旧速度恒定，即线性折旧或者几何折旧，这两种方法只需要设定最长服务寿命。几何折旧除了折旧率为恒定的缺点外，还意味着服务寿命无穷大，这不太符合实际情况；线性折旧也存在很多诟病。因此，我们不采用先估计折旧率，再估计役龄—价格函数的方法，而是根据役龄—价格函数计算折旧函数。

一、正态钟形退役模式下的役龄—折旧率曲线

（一）正态双曲役龄—折旧率曲线

根据正态双曲平均役龄—价格曲线计算的役龄—折旧称为正态双曲役龄—折旧曲线，我们给出了平均服务寿命为 5 年和 8 年的役龄—折旧曲线，结果见图 5-25 至图 5-27，其中参数 b 是双曲效率衰减参数（分别取 0.1、0.3、0.5、0.7、0.8 和 0.9）。比较可发现：

（1）正态双曲平均役龄—折旧曲线是一条平滑的倒"L"形曲线，平均服务寿命越长，曲线越平缓，且前期折旧率变化较慢，后期折旧率变化较快；

（2）役龄确定后，双曲效率衰减参数 b 越大，对应的折旧率越低。例如，对于平均服务寿命为 8 年时，$n = 3.5$ 时，$b = 0.9$ 对应的折旧率为 0.29，而 $b = 0.1$ 对应的价格为 0.36；

（3）在到达平均服务寿命年限时，折旧率都在 0.54～0.78。在平均服务寿命年限，折旧率最低的是 0.547（平均服务寿命为 8 年，$b = 0.9$），最高的是 0.78（平均服务寿命为 5 年，$b = 0.1$）；

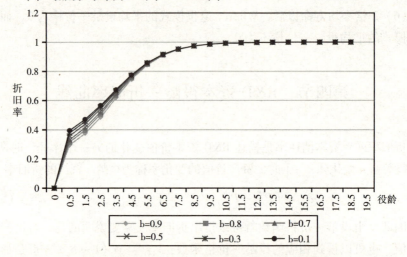

图 5-25　平均服务寿命 5 年正态双曲役龄—折旧率曲线

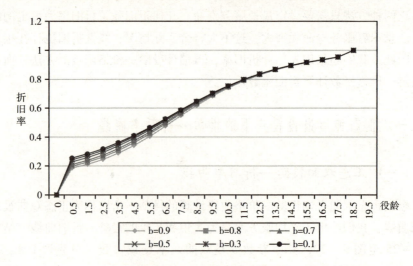

图 5-26　平均服务寿命为 8 年的正态双曲役龄—折旧率曲线

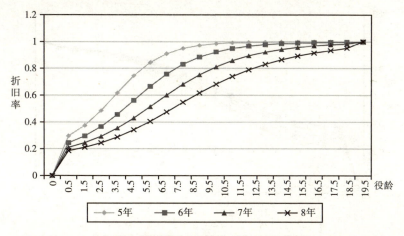

图 5 – 27　*b* = 0.9 时不同平均服务寿命下的正态双曲役龄—折旧率曲线

（4）双曲参数和役龄确定后，平均服务寿命越长，相应的折旧率越低。例如，对于 *b* = 0.9，*n* = 3.5 时，平均服务寿命为 8 年对应的折旧率为 0.287，而平均服务寿命为 5 年对应的折旧率为 0.62；

（5）平均役龄—折旧率曲线随着役龄的增加，折旧率逐渐增大逼近和到达 1。由于我们采用 20 年的最长服务寿命，因此在退役年份，折旧率为 1。

（二）正态几何役龄—折旧率曲线

根据正态几何平均役龄—价格曲线计算的役龄—折旧称为正态几何役龄—折旧曲线，我们给出了平均服务寿命为 5 年和 8 年的役龄—折旧曲线，结果见图 5 –28 至图 5 –30。

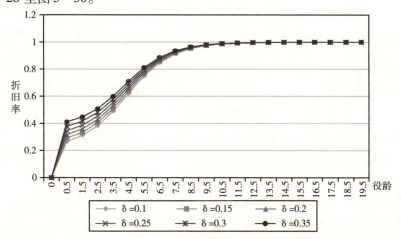

图 5 – 28　平均服务寿命 5 年不同效率衰减率的正态几何役龄—折旧率曲线

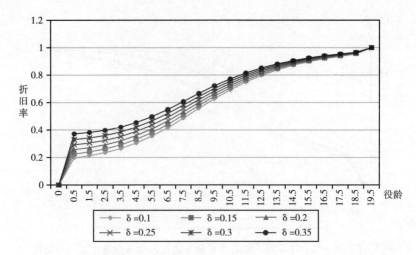

图 5 – 29　平均服务寿命 8 年不同效率衰减率的正态几何役龄—折旧率曲线

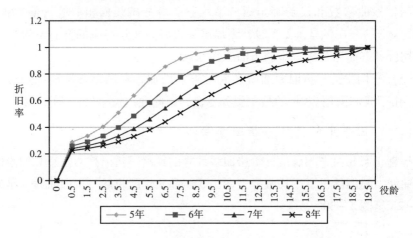

图 5 – 30　效率衰减率 0.15 时不同平均服务寿命的正态几何役龄—折旧率曲线

比较可发现：

（1）正态几何平均役龄—折旧曲线是一条平滑的倒"L"形曲线，平均服务寿命越长，曲线越平缓，且前期折旧率变化较快，后期折旧率变化较慢；

（2）役龄确定后，几何效率衰减参数 δ 越小，对应的折旧率越低。例如，对于平均服务寿命为 8 年时，$n = 3.5$ 时，$b = 0.1$ 对应的折旧率为 0.26，而 $\delta = 0.35$ 对应的价格为 0.42；

（3）在到达平均服务寿命年限时，折旧率都在 0.48 ~ 0.71。在平均服务寿命年限，折旧率最低的是 0.485（平均服务寿命为 8 年，$\delta = 0.1$），最高的是 0.709（平均服务寿命为 5 年，$\delta = 0.35$）；

（4）几何效率参数和役龄确定后，平均服务寿命越长，相应的折旧率越低。例如，对于 $\delta = 0.15$，$n = 3.5$ 时，平均服务寿命为 8 年对应的折旧率为 0.291，而平均服务寿命为 5 年对应的折旧率为 0.51；

（5）平均役龄—折旧率曲线随役龄的增加，折旧率逐渐增大逼近，在退役年份，也就是第 20 年，折旧率为 1。

（三）正态线性役龄—折旧率曲线

根据正态线性平均役龄—价格曲线计算的役龄—折旧称为正态线性役龄—折旧曲线，我们给出了平均服务寿命为 5 年和 8 年的役龄—折旧曲线，结果见图 5-31。比较可发现：

（1）正态线性平均役龄—折旧曲线是一条平滑的倒"L"形曲线，平均服务寿命越长，曲线越平缓，且前期折旧率变化较快，后期折旧率变化较慢；

（2）在到达平均服务寿命年限时，折旧率都在 0.59～0.78。在平均服务寿命年限，平均服务寿命为 8 年的折旧率最低为 0.595，平均寿命 5 年的折旧率最高为 0.776；

（3）相同役龄下，平均服务寿命越长，相应的折旧率越低。例如，对于 $n = 3.5$ 时，平均服务寿命为 8 年对应的折旧率为 0.365，而平均服务寿命为 5 年对应的折旧率为 0.675。

（4）平均役龄—折旧率曲线随役龄随着役龄的增加，折旧率逐渐增大逼近和到达 1。由于我们采用 20 年的最长服务寿命，因此在退役年份，折旧率为 1。

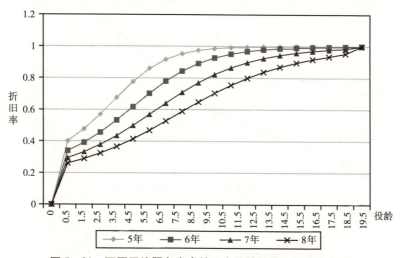

图 5-31　不同平均服务寿命的正态线性役龄—折旧率曲线

二、Winfrey 钟形退役模式下的役龄—折旧率曲线

（一）Winfrey 双曲役龄—折旧率曲线

根据 Winfrey 双曲平均役龄—价格曲线计算的役龄—折旧称为 Winfrey 双曲役龄—折旧曲线，我们给出了平均服务寿命为 5 年和 8 年的役龄—折旧曲线，结果见图 5 - 32 至图 5 - 34 和表 5 - 4。

比较可发现：

（1）Winfrey 双曲平均役龄—折旧曲线是一条平滑的 "J" 形曲线，平均服务寿命越长，曲线越平缓，且前期折旧率变化较慢，后期折旧率变化较快；

（2）役龄确定后，双曲效率衰减参数 b 越大，对应的折旧率越低。例如，对于平均服务寿命为 8 年时，$n = 3.5$ 时，$b = 0.9$ 对应的折旧率为 0.29，而 $b = 0.1$ 对应的价格为 0.36；

（3）在到达平均服务寿命年限时，折旧率都在 0.54 ~ 0.78。在平均服务寿命年限，折旧率最低的是 0.547（平均服务寿命为 8 年，$b = 0.9$），最高的是 0.78（平均服务寿命为 5 年，$b = 0.1$）；

（4）双曲参数和役龄确定后，平均服务寿命越长，相应的折旧率越低。例如，对于 $b = 0.9$，$n = 3.5$ 时，平均服务寿命为 8 年对应的折旧率为 0.287，而平均服务寿命为 5 年对应的折旧率为 0.62，后者是前者的 2 倍多；

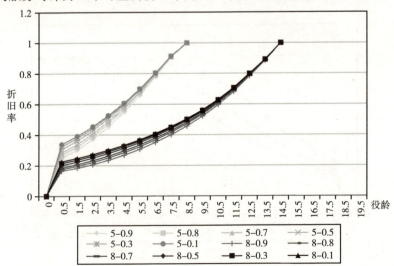

图 5 - 32　平均服务寿命 5 年和 8 年的 WinfreyS2 双曲役龄—折旧率曲线

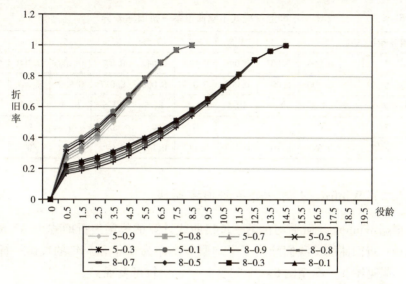

图 5 – 33　平均服务寿命 5 年和 8 年的 WinfreyS2 双曲役龄—折旧率曲线

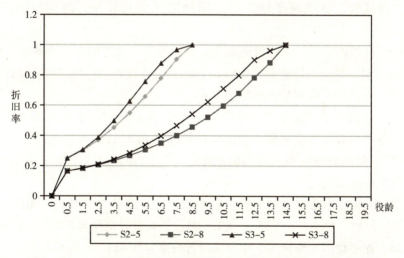

图 5 – 34　$b = 0.9$ 时 WinfreyS2 与 WinfreyS3 双曲役龄—折旧率对比

（5）折旧率随着役龄的增加逐渐增大，在退役年份为 1。由于 Winfrey 退役函数的退役时间为 2 倍的平均寿命，故在 2 倍于平均寿命时折旧率为 1；

（6）WinfreyS2 与 S3 双曲役龄—折旧率曲线的差异与平均服务寿命有关。若以 0.01 为临界值，平均服务寿命为 5 年的差异从第 2 年持续到第 8 年，平均服务为 8 年时，差异从第 4 年持续到第 14 年。

表 5 − 4　　　　　　　　　　不同退役模式下双曲役龄—折旧率差异

平均服务寿命/役龄	0	0.5	1.5	2.5	3.5	4.5	5.5	6.5	7.5
5	0.000	0.001	0.005	0.018	0.045	0.077	0.100	0.100	0.063
8	0.000	0.001	0.002	0.004	0.008	0.017	0.030	0.047	0.066
平均服务寿命/役龄	8.5	9.5	10.5	11.5	12.5	13.5	14.5	15.5	
5	0	0	0	0	0	0	0	0	
8	0.085	0.101	0.115	0.117	0.118	0.079	0.000	0	

（二）Winfrey 几何役龄—折旧率曲线

根据 Winfrey 几何平均役龄—价格曲线计算的役龄—折旧称为 Winfrey 几何役龄—折旧曲线，我们给出了平均服务寿命为 5 年和 8 年的役龄—折旧曲线，结果见图 5 − 35 至图 5 − 37 和表 5 − 5。比较可发现：

（1）Winfrey 几何平均役龄—折旧曲线是一条平滑的"J"形曲线，平均服务寿命越长，曲线越平缓，且前期折旧率变化较快，后期折旧率变化较慢；

（2）役龄确定后，几何效率衰减参数 δ 越小，对应的折旧率越低。例如，在 WinfreyS2，对于平均服务寿命为 8 年时，$n = 3.5$ 时，$\delta = 0.1$ 对应的折旧率为 0.23，而 $\delta = 0.35$ 对应的价格为 0.40；

（3）在到达平均服务寿命年限时，对于 WinfreyS2，折旧率都在 0.37 ~ 0.58。在平均服务寿命年限，折旧率最低的是 0.37（平均服务寿命为 8 年，$\delta = 0.1$），最高的是 0.58（平均服务寿命为 5 年，$\delta = 0.1$）；而 S3 的折旧率的范围为 0.4 − 0.61；

（4）几何效率衰减参数和役龄确定后，平均服务寿命越长，相应的折旧率越低。例如，对于 $\delta = 0.15$，$n = 3.5$ 时，平均服务寿命为 8 年对应的折旧率为 0.26，而平均服务寿命为 5 年对应的折旧率为 0.42；

（5）折旧率随着役龄的增加逐渐增大，在退役年份为 1。由于 Winfrey 退役函数的退役时间为 2 倍的平均寿命，故在 2 倍于平均寿命时折旧率为 1；

（6）WinfreyS2 与 S3 几何役龄—折旧率曲线的差异与平均服务寿命有关。若以 0.01 为临界值，平均服务寿命为 5 年的差异从第 4 年持续到第 8 年，平均服务寿命为 8 年时，差异从第 6 年持续到第 15 年。

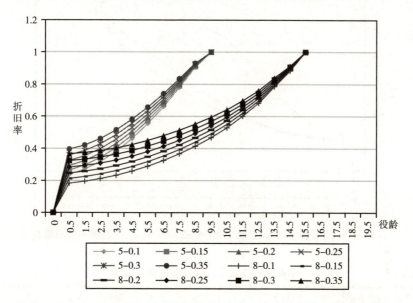

图 5－35　平均服务寿命 5 年和 8 年的 WinfreyS2 几何役龄—折旧率曲线

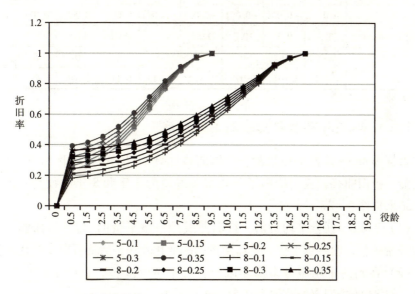

图 5－36　平均服务寿命 5 年和 8 年的 WinfreyS2 几何役龄—折旧率曲线

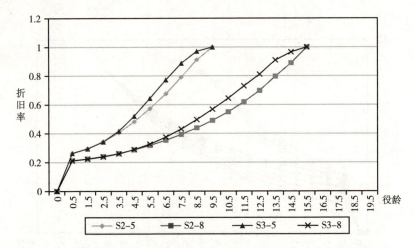

图 5 - 37　效率衰减率 0.15 时 WinfreyS2、WinfreyS3 役龄—折旧率曲线

表 5 - 5　　　　　　　不同退役模式下几何役龄折旧率差异

平均服务寿命/役龄	0	0.5	1.5	2.5	3.5	4.5	5.5	6.5	7.5
5	0	- 0.001	- 0.002	0.000	0.012	0.038	0.071	0.096	0.097
8	0	- 0.001	- 0.002	- 0.002	- 0.002	0.001	0.009	0.021	0.038
平均服务寿命/役龄	8.5	9.5	10.5	11.5	12.5	13.5	14.5	15.5	
5	0.06	0	0	0	0	0	0	0	
8	0.058	0.078	0.095	0.110	0.113	0.113	0.076	0	

（三）Winfrey 线性役龄—折旧率曲线

根据 Winfrey 线性平均役龄—价格曲线计算的役龄—折旧称为 Winfrey 线性役龄—折旧曲线，我们给出了平均服务寿命为 5 年和 8 年的役龄—折旧曲线，结果见图 5 - 37。

（1）Winfrey 线性平均役龄—折旧曲线是一条平滑的"J"形曲线，平均服务寿命越长，曲线越平缓，且前期折旧率变化较快，后期折旧率变化较慢；

（2）在到达平均服务寿命年限时，对于 WinfreyS2，折旧率都在 0.45 ~ 0.61。而 S3 的折旧率的范围为 0.51 ~ 0.67；

（3）相同役龄下，平均服务寿命越长，相应的折旧率越低。例如 S2，n = 3.5 时，平均服务寿命为 8 年对应的折旧率为 0.30，而平均服务寿命为 5 年对应的折旧率为 0.52；

（4）折旧率随着役龄的增加逐渐增大，在退役年份为 1。由于 Winfrey 退役函数的退役时间为 2 倍的平均寿命，故在 2 倍于平均寿命时折旧率为 1；

（5）WinfreyS2 与 S3 几何役龄—折旧率曲线的差异与平均服务寿命有关。

三、R&D 资本役龄—折旧曲线的比较

前面依据资产组的平均役龄—价格曲线得到了相应役龄价格曲线，并在相同的退役模式和效率模式下，分析了不同效率衰减参数对于役龄—折旧率的影响。然而不同退役模式对于资产组的役龄—折旧率有什么影响呢？相同退役模式下不同效率衰减模式对役龄—折旧率有什么影响呢？

图 5-33、表 5-6 和表 5-7 是役龄—折旧率曲线比较结果，分析可知：

（1）曲线形状不同。正态退役模式下的 3 条役龄—折旧率曲线都呈现为平滑的倒 "L" 形曲线，而 WinfreyS2 退役模式下三条役龄—折旧率曲线则表现为平滑的 "J" 形曲线。

（2）折旧率差异较大。以几何衰减模式对比为例，正态退役模式与 Winfrey 退役模式下折旧率的绝对差额在整个服役期间都超过 0.01，一半服役期的差额超过 0.05。绝对额差异最大达到 0.188（5 年平均寿命）和 0.157（8 年平均寿命）。

（3）2 倍于平均寿命以后，WinfreyS2 的折旧率为 0，而正态模式下折旧率非 0，也呈现较大差异。

（4）相同之处在于几何与线性效率衰减模式下的前期折旧率变化大，后期变化小，而双曲效率衰减模式下则是前期折旧率变化小，后期变化大。

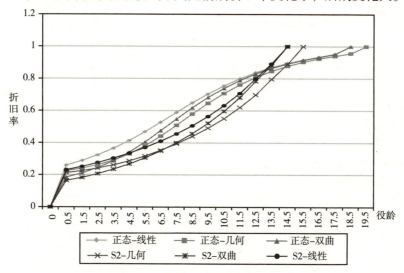

图 5-38　R&D 资本役龄—折旧率比较

表5-6   正态几何与 WinfreyS2 几何役龄—折旧率差额

平均服务寿命/役龄	0	0.5	1.5	2.5	3.5	4.5	5.5	6.5	7.5
5	0.000	0.025	0.039	0.063	0.104	0.155	0.188	0.179	0.127
8	0.000	0.012	0.016	0.021	0.030	0.043	0.063	0.088	0.115
平均服务寿命/役龄	8.5	9.5	10.5	11.5	12.5	13.5	14.5	15.5	
5	0.044	-0.025							
8	0.139	0.155	0.157	0.142	0.110	0.050	-0.012	-0.096	

表5-7   正态双曲与 WinfreyS2 双曲役龄—折旧率差额

平均服务寿命/役龄	0.0	0.5	1.5	2.5	3.5	4.5	5.5	6.5	7.5
5	0.000	0.046	0.072	0.115	0.164	0.195	0.185	0.130	0.045
8	0.000	0.021	0.028	0.038	0.053	0.074	0.099	0.125	0.147
平均服务寿命/役龄	8.5	9.5	10.5	11.5	12.5	13.5	14.5	15.5	16.5
5	-0.027								
8	0.161	0.161	0.143	0.108	0.047	-0.019	-0.108		

第六章　中国 R&D 资本估计

第一节　数据收集与整理

我国科技统计起步较晚，R&D 数据积累基础较差是 R&D 资本估计面临的第一大难题。[①] 在科技统计工作早期比较关注科技活动经费，后逐步转向 R&D，因此，一直以来在官方统计年鉴中，科技活动经费、技术开发费、R&D 经费三个指标相继出现。下面按照时间的脉络叙述 R&D 相关统计的发展历程。

一、我国 R&D 相关数据的发布演变

1990 年公布全国层面的 R&D 内部支出和外部支出，公布了全国及各地区的科技活动经费。

1995 年公布了大中型企业、研究机构和高等院校的情况。

1997 年公布了科技活动经费的构成，即细分为劳务费和资本性支出。

2000 年公布了各地区 R&D 内部经费支出，并开始公布技术市场合同交易情况、技术引进合同成交情况。经过第一次 R&D 资源清查，我国 R&D 概念、调查范围和计算口径逐步与国际接轨。

2009 年公布了 R&D 内部支出构成，即劳务费和资本性支出，之后又在资本性支出中细分出仪器设备费。

2011 年规模以上统计标准调整，公布了规模以上工业企业的 R&D 情况。

从上述年历来看，数据最早也只能始于 1990 年，需要估计 1990～1999 年的各地区 R&D，1990～2008 年的 R&D 内部支出构成数据，各部门、工业主要

---

① 缺乏对物质资本存量以及消耗的官方核算数据，以致统一的资本核算框架和基础数据缺失是 R&D 资本核算面临的另一难题。

行业的 R&D 以及构成。

二、缺失数据的估计方法

（一）各地区、各部门和各行业的 R&D 内部支出估计

我们以各地区科技活动经费占全国科技活动经费之比，估计得到 1990 ~ 1999 年各地区的 R&D 内部支出。计算公式为：

$$各地区\ R\&D\ 内部支出 = \frac{地区科技活动经费}{全国科技活动经费} × 全国\ R\&D\ 内部支出$$

$$(6-1)$$

由于缺乏企业部门、研究机构和高等院校等各部门的科技活动经费，我们采用 2009 年的各部门 R&D 内部支出占全国 R&D 内部支出之比为权重，估计得到 1990 ~ 2008 年各部门 R&D 内部支出，并用同样的方法估计得到企业各行业的 R&D 内部支出。

（二）R&D 内部支出构成的估计

前文已述，R&D 的产出以及 R&D 固定资本形成需要用总成本的思想估计，因此需要估计 R&D 内部支出中的劳务费、其他日常支出、仪器设备费支出和土地建筑物支出。

对于已经公布了科技活动经费中劳务费和资本性支出数据的年份，用科技活动中劳务费或者固定资产构建费占当年科技活动经费之比估计相应的 R&D 劳务费或资本性支出。如资本性支出的估计公式为：

$$R\&D\ 资本性支出 = \frac{科技活动经费中固定资产构建费}{科技活动经费} × R\&D\ 内部支出$$

$$(6-2)$$

对于缺乏科技活动经费支出结构的，用最早有结构数据的 2009 年的比重估计相应的劳务费、仪器设备费及土地建筑物支出。

用 R&D 内部支出减去劳务费、资本性支出得到其他日常支出的估计值。

（三）R&D 生产税净额的估计

不仅是在我国，目前各国缺乏对 R&D 生产税的统计，R&D 补贴的调查也不尽如人意，因此我们用 R&D 强度为权重乘以收入法 GDP 中生产税净额估计

得到 R&D 生产税净额。

三、R&D 净出口

目前，我国与技术相关的涉外数据收集途径有两个：中央人民银行和商务部。其中，国家外汇管理局的国际收支统计中与 R&D 有关的主要体现在交易编码为 208010 的技术贸易之专利特许权，主要是指专利（包括发明专利、实用新型专利和外观设计专利）的许可使用费。交易编码为 211051 的工业、技术 R&D，是指为生产新的材料、产品和装置，建立新工艺、系统和服务，以及对已生产和已建立的上述各项进行实质性改进而进行的系统性工作。交易编码为 211052 的科学 R&D，包括自然科学、社会科学和人文科学的研究与发展活动。

商务部和统计局都对技术引进经费进行统计。统计报表制度中对"国外技术引进经费支出"的解释是：企业在报告期用于购买境外技术的费用支出，包括产品设计、工艺流程、图纸、配方、专利等技术资料的费用支出，以及购买关键设备、仪器、样机和样件等的费用支出。从统计项目上有下列组成：专利技术的许可和转让、专用技术的许可和转让、技术咨询和技术服务、计算机软件的进口、商标许可、合资生产、合作生产等、为实施以上内容而进口的成套设备、关键设备、生产线等以及其他方式的技术进口。

就数据可获得性而言，统计系统发布的年鉴中公开了自 2001 年以来历年的国外技术引进经费支出，遗憾的是我国目前尚未公开发布 R&D 出口有关数据。理论上，应该仅仅包括与 R&D 相关的进口数据，但是考虑到 R&D 进口统计数据并未按照地区细分，也未按照执行部门或者行业细分，因此如果说在国家层面仅仅将 R&D 进口包括在内的话，在地区、部门和行业层面则无法做到这一点。即使是使用占比进行总量估计，误差也较大。由此，从地区、部门和行业之间协调性考虑，本书暂不对技术引进进行细分，即认为技术引进额都是与 R&D 有关的。但是本书在国家层面将会给出不同处理方式的差异，以说明 R&D 进出口对于 R&D 资本总量的影响。

在工业统计报表中也对工业企业的技术引进进行了统计，报表制度中引进国外技术经费支出是指企业在报告期用于购买境外技术的费用支出，包括产品设计、工艺流程、图纸、配方、专利等技术资料的费用支出，以及购买关键设备、仪器、样机和样件等的费用支出。

遗憾的是，尚未发现我国对外技术出口，特别是 R&D 出口的统计资料，考虑到近年来我国主要是以技术进口为主，结合数据的可得性，我们在这里将进口作为净出口的近似值。

第二节　R&D 价格指数的构建

R&D 价格缩减指数是影响 R&D 资本的重要因素，目前各国基本采用 R&D 投入价格指数，但是用投入价格指数去缩减 R&D 资本，就意味着 R&D 活动前后生产率是不变的，未对生产率产生影响，这显然与 R&D 活动的本质不符，为此我们采用投入和产出两种思路研究 R&D 价格指数。

一、R&D 投入价格指数

我国 R&D 经费内部支出是按照"全成本口径"核算的，包括日常性支出（Routine Expense）和资产性支出（Asset Expenditure）两部分，其中日常性支出又分为人员劳务费（Labor Cost，LC）和其他日常性支出（Other Routine Expense，ORE），资产性支出又分为仪器和设备支出（Equipment Expenditure，EE）与其他资产性支出。现有年鉴中，仅仅有以上部分的支出总额，缺乏价格变化信息，我们采用下述方法构造各部分的价格指数。

（一）R&D 人员劳务费价格指数

R&D 人员劳务费价格指数测度的是 R&D 活动人员报酬的变化，是单位 R&D 人员劳务费变化的相对数。在 R&D 人员数量的选择上，经济合作与发展组织编制的弗拉斯卡蒂手册—研究与试验开发调查实施标准认为，"从事 R&D 的人员数应该按照 R&D 活动的 1 个全时工作当量统计"，也就是说，相对于以人头数计量的 R&D 人员总量，按照劳动工作量计量的"R&D 全时工作当量是 R&D 总量的真正测度"。因此，我们用 R&D 内部支出中劳务费除以 R&D 人员全时当量，得到每单位 R&D 全时当量的劳务费，相邻时期之比即为 R&D 人员劳务费价格指数，[①] 记为 I_{input}^{LC}：

$$I_{input}^{LC} = \frac{F_{R\&D}(t)/Q(t)}{F_{R\&D}(t-1)/Q(t-1)} \qquad (6-3)$$

---

① 理论上，应该依据 R&D 活动人员类型进行加权平均，遗憾的是，现有科技统计年鉴中虽然有科学家工程师及其他类型 R&D 人员全时当量，但是缺乏上述人员的劳务费，因此无法根据人员类别汇总。

其中，$F_{R\&D}(t)$ 为 R&D 经费内部支出中的人员劳务费，$Q(t)$ 为 R&D 人员全时当量（单位为人年）。

（二）R&D 其他日常支出价格指数

根据我国现行的科技活动统计报表制度，R&D 内部经费支出中其他日常支出主要包括为实施 R&D 项目实际消耗的原材料、辅助材料、备用配件、外购半成品，水和燃料（包括煤气和电）的使用费，用于中间试验和产品试制达不到固定资产标准的模具、样品、样机及一般测试手段购置费、试制产品的检验费等，折旧费用与长期费用摊销、无形资产摊销、其他费用（含设计费、装备调试费等）等。从其他日常支出各部分的构成比重上看，原材料与燃料占绝对份额。[①] 因此，正常情况下，原材料与燃料的价格变化对 R&D 其他日常支出价格变化影响最大。又因为 R&D 项目所用的原材料种类与项目成功以后产业化生产所用种类基本一致，所以，我们用工业生产者购进价格指数中的原材料、燃料、动力购进价格指数（Purchasing Price Indices for Materials Fuel and Power，MFPPPI）作为 R&D 其他日常支出价格指数的替代指标，记为 I_{input}^{ORE}：

$$I_{input}^{ORE} = I_{MFPPPI} \qquad\qquad (6-4)$$

（三）R&D 资产性支出价格指数

弗拉斯卡蒂手册建议的 R&D 资产性支出包括土地和建筑物（land and buildings）、设备和机械（plant and machinery）两部分。而我国现行的科技活动统计报表制度中，R&D 资产性支出主要是指后者，[②] 是指购买用于科技活动的仪器设备等的费用支出，包括各类机器设备、试验测量仪器、运输工具、工装器具等购买和制造时实际支付的货币和制造成本。固定资产投资价格指数中的设备、工器具购置（Purchase of Equipment and Instruments，PEI），是指把工业企业生产的产品转为固定资产的购置活动，包括建设单位或企业、事业单位购置或自制的，达到固定资产标准的设备、工具、器具的价值，其中设备指的是各种生产设备、传导设备、动力设备、运输设备，工具、器具指的是具有独

[①]　据作者在浙江进行企业研发情况的访谈调查估计，该比重位于 75% ~ 85%，因行业不同而有差异，如医药化工业远远高于机械加工制造业。

[②]　2011 年，规模以上工业企业仪器和设备费支出占资本性支出的 96.4%。另外，近年来我国房地产价格上涨较快，且主要表现在商品用房，很难估计其与企业科研用房的相关程度，因此，我们暂不考虑科研建筑物类的价格变化。

立用途的各种生产用具、工作工具和仪器。R&D 活动过程使用的设备和机械大体上和上述类别类似，因此，设备、工器具购置指数可以反映 R&D 活动中设备和机械购置费变化概念，因此可作为 R&D 经费中资产性支出的替代指标，记为 I_{input}^{EE}：

$$I_{input}^{EE} = I_{PEII} \qquad (6-5)$$

以 R&D 人员劳务费、R&D 活动中其他日常支出费用以及 R&D 资本性支出所占比重为权重，将上述三个指数加权合成，就得到 R&D 投入价格指数 I_{input}，即：

$$I_{input} = \lambda_{LC}I_{input}^{LC} + \lambda_{ORE}I_{input}^{ORE} + \lambda_{EE}I_{input}^{EE} \qquad (6-6)$$

其中，λ_{LC}、λ_{ORE}、λ_{EE} 分别为各年劳务费、其他日常支出和资产性支出所占比重，该比重随年度发生变化，因此，我们构建 R&D 投入价格指数的权重属于变化的权重。

二、R&D 产出价格指数的构建方法

根据美国 R&DSA 2007 中介绍的剩余无形资产价格指数法，将 R&D 市场假设为创新部门和下游企业两部分，创新者将其创新成果出售给下游企业，下游企业因购买创新成果而获得的那部分利润便为创新者 R&D 产出的价格。这样，R&D 的价格，可以表示为下游企业实施 R&D 前后技术水平、边际成本、企业折旧等变量的函数，从计算上表现为总产出减去可变成本、R&D 支出、资本持有费用的余额。同时，考虑到下游企业获得 R&D 产出以及将其运用到生产中获得收益的过程具有滞后性，故对下游企业的剩余无形资产取五年的移动平均以保证得到 R&D 收益的长期趋势。由于一些行业某些年份的人均无形资产可能为负，为了解决这一问题，用 P_t 表示第 t 年 R&D 产出的价格，美国 R&DSA 2007 对 R&D 产出价格指数定义为如下：若 P_t，$P_{t-1} > 0$，则价格指数为 P_t/P_{t-1}；若 P_t，$P_{t-1} < 0$ 且 $|P_t| < |P_{t-1}|$，则价格指数为：$2 - P_t/P_{t-1}$；若 P_t，$P_{t-1} < 0$ 且 $|P_t| > |P_{t-1}|$，则价格指数为：P_{t-1}/P_t；若 $P_t \times P_{t-1} < 0$，则价格指数不存在，此时用移动平均法或趋势外推法估计价格指数。

R&D 产出的价值体现在最终产品，如高技术含量的商品、仪器设备或者服务中，与之融合为一体，故直接测度其大小是非常困难的。一般来讲，相对于其他活动，R&D 活动能给其所有者带来较大的经济利益。美国 R&DSA 2007 采用总产出减去可变成本、R&D 支出和资本持有成本后的余额，称为剩余无

形资产价格，用其变化来测度 R&D 产出价格变化。考虑到我国统计数据的可得性，我们用行业主营业务收入减去主营业务成本，再减去资本持有成本表示剩余无形资产的价值，再除以本行业 R&D 人员全时当量，得到行业人均剩余无形资产价值量，用其变化测度 R&D 产出价格变化。同时，在计算资本持有成本时，由于我国的金融市场尚不成熟，公司债券收益率未必能代表市场收益，因此，我们采用中国人民银行的贷款基准利率的年平均利率估计当期资本利息率。这样，我们的 R&D 产出价格指数的估计公式为：

$$I_{output} = \frac{P_{R\&D}(t)}{P_{R\&D}(t-1)} = \frac{\bar{\pi}_{5yr}(t)}{\bar{\pi}_{5yr}(t-1)}$$

$$= \frac{\sum_{i=t-4}^{t} [TR_{yi} - M_{yi} - [(\bar{r} + \delta)] \times P^i K^i]/Q(i)}{\sum_{i=t-5}^{t-1} [TR_{yi} - M_{yi} - [(\bar{r} + \delta)] \times P^i K^i]/Q(i)}$$

$$(6-7)$$

其中，TR_{yi} 和 M_{yi} 分别为行业的主营业务收入和主营业务成本，$\bar{r}$ 为中国人民银行的贷款基准利率的年平均利率，δ 为固定资本折旧率，$P^i K^i$ 为当期价格计算的资本存量，$Q(i)$ 为 R&D 人员全时当量，$\bar{\pi}_{5yr}(t)$ 则为人均剩无形资产价值的 5 年移动平均。

三、变量的选择和数据说明

（1）R&D 人员劳务费（$F_{R\&D}(t)$）。用各年的 R&D 经费内部支出中的人员劳务费来表示，数据缺失时，用 R&D 经费占科技活动经费内部支出之比乘以科技活动经费内部支出中劳务费进行估计。

（2）R&D 人员全时当量（$Q(i)$）。数据缺失时，用各行业科技活动人员数占全社会科技活动人员之比乘以 R&D 人员全时当量进行估计，2011 年数据由规模以上企业数据推算得到。

（3）其他日常支出指数 I_{input}^{ORE}。用工业生产者购进价格指数中的原材料燃料动力购进指数代替。

（4）资产性支出指数 I_{input}^{EE}。用固定资产投资价格指数中的设备工器具购置价格指数代替。

（5）主营业务收入（TR_{yi}）。数据缺失时，选用销售收入作为替代指标。

（6）主营业务成本（M_{yi}）。数据缺失时，用销售成本作为替代指标。

（7）当期价格表示的固定资本存量（$P^i K^i$）。以固定资产净值年平均余额来表示。

（8）中国人民银行的贷款基准利率的年平均利率（$\bar{r}$）。选用中国人民银行的短期贷款（六个月至一年）基准利率的年平均利率 $\bar{r}$，其中 $\bar{r}$ 由一年中各个时段的贷款利率根据其实行期的时间长短来加权求得，即：$\bar{r} = \sum r_i w_i$，其中，r_i 为一年中中国人民银行所实施的第 i 种短期贷款（六个月至一年）基准利率，w_i 为第 i 种短期贷款期限。

四、结果分析

本书分别计算了全国及各地区的 R&D 投入价格指数和全国工业 R&D 产出价格指数，结果见附表 $RDSA-4$。从结果来看，R&D 投入价格指数平稳上升，而 R&D 工业产出指数波动较大。此外，产出价格指数比投入价格指数上升更快，如从以 1990 年为基期的定基价格指数来看，R&D 产出价格指数 2015 年为 261.73，产出价格指数 2015 年为 359.59。由于 OECD 推荐使用投入价格指数，本书后续分析除特殊说明外，不变价价值量均采用 1990 年为基期的 R&D 投入价格指数。

第三节　R&D 产出及资本固定资本形成总额估计

一、R&D 产出估计

在缺失数据估计完成之后，我们首先估计了 1990~2015 年全国及各地区、各执行部门的 R&D 产出：

$$\text{R\&D}_t^{output} = \left(C_t + \sum_a I_t^a\right) + \text{R\&D}_t^{tps} - \sum_a I_t^a + \sum_a COFC_t^a + \sum_a R_t^a$$

$$(6-8)$$

其中，$\text{R\&D}_t^{in}$、$\text{R\&D}_t^{tps}$ 为 R&D 内部支出和生产税减补贴，C_t 为 R&D 日常支出，

I_t^a 为对资产 a 的资本性支出，$COFC_t^a$ 为对资产 a 的消耗，R_t^a 为资产 a 的收益。

（一）全国 R&D 产出结果分析

对于全国 R&D 产出的估计，我们采用两种方案：方案一是与各地区一样，直接使用公式 6-8；方案二是分别估计出企业、研究机构、高等院校和海外四个执行部门的 R&D 产出，合计得到全国 R&D 产出。根据 SNA 核算原则，研究机构和高等院校属于政府机构，对于这些部门产出核算采用的总成本法中不含资本收益项，为了和方案一相比较，我们分别考虑了包含资本收益和不包含资本收益两种情况。

从图 6-1 可知，1991～2015 年我国当年价格 R&D 产出大幅上涨。基于方案一的计算结果表明，2015 年我国 R&D 产出为 13219.31 亿元，1991 年以来年均增长 21.1%，2001 年以来年均增长 21.5%。基于方案二不包括政府部门资本收益的计算结果表明，2015 年我国 R&D 产出为 12684.29 亿元，1991 年以来年均增长 23.6%，2001 年以来年均增长 20.9%。基于方案二包括政府部门资本收益的计算结果表明，2015 年我国 R&D 产出为 13035.60 亿元，1991 年以来年均增长 23.5%，2001 年以来年均增长 20.8%。两种方案的计算结果之间的差异基本上在 3% 以内，特别是方案二包含政府部门资本收益的计算结果与方案一比较吻合，但根据国民经济核算基本原则，我们认为按部门核算的方案二最接近现行国民账户核算标准。此外，期初存量对于计算前期影响较大，比较结果可发现，2000 年以后，估计的固定资本的存量对于 R&D 产出影响较小。

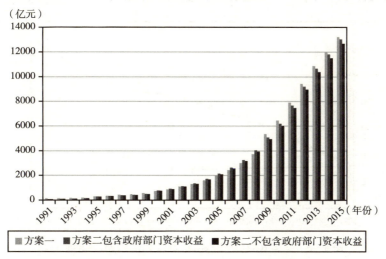

图 6-1 1991～2015 年全国 R&D 当年价格产出

为了检验计算结果的合理性，我们计算了 R&D 产出与 R&D 内部支出的比值，并与美国和以色列相比较。特别是方案二不包含政府部门资本收益的情况，2009 年之前，基本上在 0.85 附近，2009 年之后，该比值逐步上升。将图 6-2、图 6-3 与图 6-4 相比较可发现，我国 R&D 产出/R&D 内部支出基本上位于 0.85 附近，与以色列的情况比较接近。因此，我们认为本书的估计结果是可靠的。

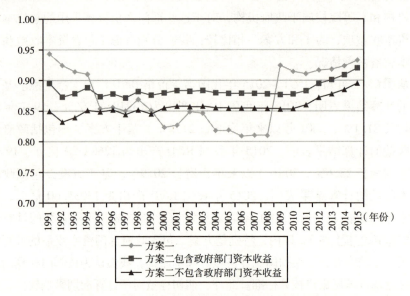

图 6-2   1991～2015 年 R&D 产出/R&D 内部支出

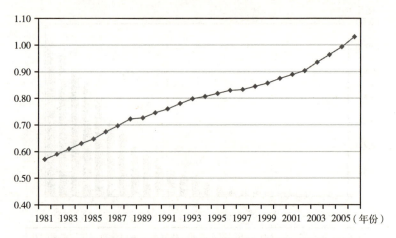

图 6-3   美国 R&D 产出/R&D 内部支出（1981～2006 年）

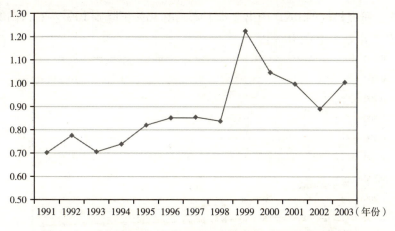

图6-4　以色列 R&D 产出/R&D 内部支出（1991~2003年）

（二）各地区 R&D 产出结果分析

图6-5是四大区域的 R&D 产出占比情况，可知东部地区是 R&D 产出最多的地区，占比接近70%。从2006年开始，中部地区 R&D 产出超过西部地区，东北地区的 R&D 产出从2005年开始逐年下降。

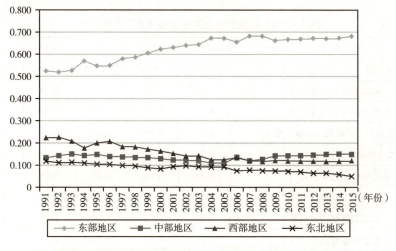

图6-5　四大区域 R&D 产出占比变化（1991~2015年）

（三）各执行部门的结果分析

图6-6是企业部门、研究机构、高等院校和海外部门的 R&D 产出情况。从图中可发现，企业部门一直是 R&D 产出的重要部门，占比从60%逐步上升

至80%。研究机构的 R&D 产出逐步下降，由30%下降到10%左右，高等院校的 R&D 产出基本上在10%以下。

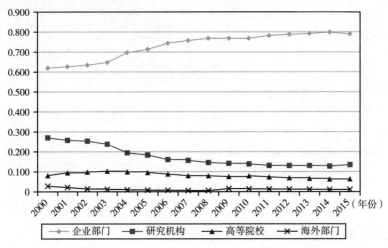

图 6-6   各执行部门的 R&D 产出（2000~2015 年）

（四）工业企业各行业的结果分析

表 6-1   2011~2015 年规模以上工业企业 R&D 产出占比

年份	2011	2012	2013	2014	2015
规模以上工业企业总计（亿元）	5577.91	6770.87	7860.21	8799.68	9590.93
煤炭采选业占比（%）	2.46	2.43	2.43	2.44	2.45
石油和天然气开采业占比（%）	1.42	1.73	1.72	1.72	1.72
黑色金属矿采选业占比（%）	0.07	0.05	0.05	0.05	0.05
有色金属矿采选业占比（%）	0.24	0.21	0.21	0.21	0.21
非金属矿采选业占比（%）	0.11	0.06	0.06	0.06	0.06
食品加工业占比（%）	1.51	1.38	1.38	1.38	1.38
食品制造业占比（%）	1.03	1.03	1.04	1.04	1.04
饮料制造业占比（%）	1.14	1.13	1.14	1.15	1.15
烟草加工业占比（%）	0.26	0.33	0.34	0.34	0.34
纺织业占比（%）	2.20	2.09	2.10	2.10	2.11
服装及其他纤维制品制造业占比（%）	0.48	0.44	0.44	0.44	0.44
皮革毛皮羽绒及其制品业占比（%）	0.26	0.26	0.26	0.26	0.26
木材加工及竹藤棕草制品业占比（%）	0.22	0.27	0.27	0.27	0.27

续表

年份	2011	2012	2013	2014	2015
家具制造业占比（%）	0.16	0.18	0.18	0.18	0.18
造纸及纸制品业占比（%）	0.93	0.95	0.96	0.96	0.96
印刷业和记录媒介的复制占比（%）	0.31	0.28	0.28	0.28	0.28
文教体育用品制造业占比（%）	0.23	0.28	0.28	0.28	0.28
石油加工及炼焦业占比（%）	1.00	0.97	0.97	0.97	0.97
化学原料及化学制品制造业占比（%）	7.69	7.08	7.07	7.07	7.07
医药制造业占比（%）	2.73	3.51	3.51	3.52	3.52
化学纤维制造业占比（%）	1.81	0.94	0.94	0.94	0.94
橡胶制品业占比（%）	1.00	1.06	1.06	1.07	1.07
塑料制品业占比（%）	1.10	1.16	1.17	1.17	1.17
非金属矿物制品业占比（%）	1.96	2.16	2.15	2.15	2.16
黑色金属冶炼及压延加工业占比（%）	8.13	8.13	8.15	8.16	8.17
有色金属冶炼及压延加工业占比（%）	3.78	3.00	3.00	3.01	3.01
金属制品业占比（%）	1.87	1.74	1.74	1.74	1.74
通用机械制造业占比（%）	5.33	7.15	7.16	7.16	7.17
专用设备制造业占比（%）	6.38	6.66	6.66	6.66	6.65
交通运输设备制造业占比（%）	11.51	13.10	13.09	13.08	13.06
电气机械及器材制造业占比（%）	11.15	10.56	10.56	10.57	10.57
电子及通信设备制造业占比（%）	12.14	16.39	16.34	16.29	16.24
仪器仪表及文化办公用机械制造业占比(%)	7.53	2.00	1.99	1.99	1.99
其他制造业占比（%）	1.00	0.38	0.38	0.38	0.38
电力蒸汽热水的生产和供应业占比（%）	0.65	0.85	0.85	0.85	0.85
煤气生产和供应业占比（%）	0.20	0.02	0.02	0.02	0.02
自来水的生产和供应业占比（%）	0.02	0.04	0.04	0.04	0.04

表 6-1 是规模以上工业企业各行业 R&D 产出占规上工业之比，从表中可知，2015 年规模以上工业企业 R&D 产出为 9590.93 亿元。2015 年行业占比前十位是电子及通信设备制造业（16.24%）、交通运输设备制造业（13.06%）、电气机械及器材制造业（10.57%）、黑色金属冶炼及压延加工业（8.17%）、

通用机械制造业（7.17%）、化学原料及化学制品制造业（7.07%）、专用设备制造业（6.65%）、医药制造业（3.52%）、有色金属冶炼及压延加工业（3.01%）和煤炭采选业（2.45%）。

二、R&D 固定资本形成总额

本书采用供需平衡法估计 R&D 固定资本形成总额。产品的使用通常包括最终消费、中间消耗、出口、固定资本形成和存货变化。对于 R&D 资本的使用来讲，最终消费主要是指住户的 R&D 资本最终消费，但是使用量很少，也缺乏统计数据，国际惯例一般忽略此项。同样，由于数据缺乏，国际上也忽略 R&D 资本的中间消耗。鉴于 R&D 实施过程中就促进了社会知识存量的增加，因此目前国际上在 R&D 资本发生时就记为资本形成，不再记录存货项目，因此不存在存货变化。这样 R&D 资本使用（需求）可表达为：

$$R\&D_t^{use} = R\&D_t^{GFCF} + R\&D_t^{netpurchase} + R\&D_t^{export} \qquad (6-9)$$

其中，$R\&D_t^{use}$、$R\&D_t^{GFCF}$、$R\&D_t^{netpurchase}$、$R\&D_t^{export}$ 分别表示 R&D 使用、资本形成、国内单位间净购买和出口。

最后，根据供需平衡 $R\&D_t^{Supply} = R\&D^{use}$，就可以得到 R&D 资本形成，这种方法也可称为供需平衡法，即：

$$R\&D_t^{GFCF} = R\&D_t^{Supply} - (R\&D_t^{netpurchase} + R\&D_t^{export}) \qquad (6-10)$$

$$R\&D_t^{GFCF} = R\&D_t^{output} + R\&D_t^{import} - R\&D_t^{netpurchase} - R\&D_t^{export} \qquad (6-11)$$

（一）全国 R&D 固定资本形成分析

从图 6-7 可知，2001~2015 年我国当年价格 R&D 固定资本形成总额大幅上涨。基于方案一的计算结果表明，2015 年我国 R&D 固定资本形成总额为 14917.6 亿元，2001 年以来年均增长 19.5%。基于方案二不包括政府部门资本收益的计算结果表明，2015 年我国 R&D 固定资本形成总额为 14438.28 亿元，2001 年以来年均增长 16.8%。基于方案二包括政府部门资本收益的计算结果表明，2015 年我国 R&D 固定资本形成总额为 14789.59 亿元，2001 年以来年均增长 16.8%。两种方案的计算结果之间的差异基本上在 3% 以内，特别是方案二包含政府部门资本收益的计算结果与方案一比较吻合，但根据上文所述国民经济核算基本原则，我们认为按部门核算的方案二最接近现行国民账户核算标准。

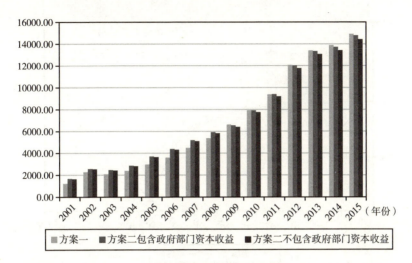

图 6 – 7　2001 ~ 2015 年当年价全国 R&D 固定资本形成总额（亿元）

为了检验计算结果的合理性，我们计算了 R&D 固定资本形成总额与 R&D 产出之比，并与美国和以色列相比较。

比较图 6 – 8 与图 6 – 9，可以发现我国的 R&D 固定资本形成与 R&D 产出之比均大于 1，但是美国与以色列的相应比值却小于 1。究其原因，在于中国是技术特别是 R&D 进口国，而美国、以色列属于技术出口国，净出口为负。

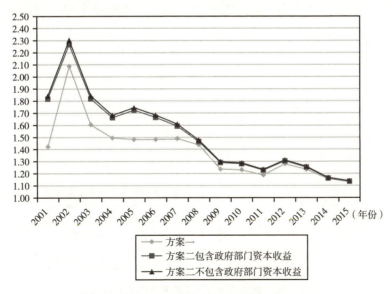

图 6 – 8　2001 ~ 2015 年全国 R&D 固定资本形成与产出之比

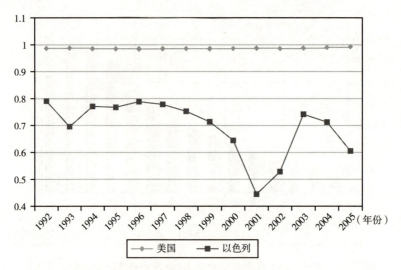

图 6 - 9　美国和以色列 R&D 固定资本形成与产出之比

（二）各地区的结果分析

图 6 - 10 是四大区域的 R&D 固定资本形成总额占比情况，可知东部地区是最多的地区，占比在 70% 左右，中部地区和西部地区 R&D 固定资本形成总额比较接近，在 13% 左右，东北地区 R&D 固定资本形成在 5% 左右。

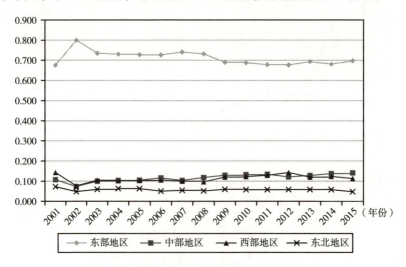

图 6 - 10　各地区 R&D 固定资本形成总额占比

（三）各执行部门的分析

根据技术引进的行业分类，我们把科学研究和技术服务业、卫生和社会工作、公共管理社会保障和社会组织的技术进口归为研究机构部门，将教育、文化体育和娱乐业的技术进口归为高校，将其他行业的技术进口归为企业部门。综合得到方案二不包含政府部门资本收益的 R&D 固定资本形成总额估计结果。从图 6-11 中可知，企业部门占据绝对比例，在 80% 以上，研究机构在 10% 左右，高等院校在 5% ~6% 。

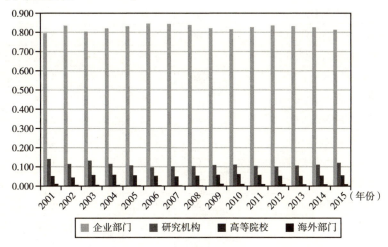

图 6-11　各执行部门的 R&D 固定资本形成总额占比

（四）工业各行业的结果分析

表 6-2 是规模以上工业各行业的 R&D 固定资本形成总额，2015 年规模以上工业 R&D 固定资本形成总额总计 10004.95 亿元。从各行业占比来看，前 10 位分别是：电子及通信设备制造业（16.14%）、交通运输设备制造业（14.37%）、电气机械及器材制造业（10.31%）、黑色金属冶炼及压延加工业（8.03%）、通用机械制造业（7.1%）、化学原料及化学制品制造业（7.04%）、专用设备制造业（6.46%）、医药制造业（3.44%）、有色金属冶炼及压延加工业（2.94%）和煤炭采选业（2.6%）。

表 6 - 2　　　　　规模以上工业各行业 **R&D** 固定资本形成总额

年份	2011	2012	2013	2014	2015
规模以上工业总计（亿元）	6026.90	7164.78	8254.15	9187.19	10004.95
电子及通信设备制造业占比（%）	12.14	16.29	16.01	16.07	16.14
交通运输设备制造业占比（%）	12.27	13.93	14.33	14.30	14.37
电气机械及器材制造业占比（%）	10.75	10.33	10.36	10.34	10.31
黑色金属冶炼及压延加工业占比（%）	8.44	8.20	8.18	8.10	8.03
通用机械制造业占比（%）	5.28	7.24	7.12	7.18	7.10
化学原料及化学制品制造业占比（%）	7.92	7.28	7.13	7.09	7.04
专用设备制造业占比（%）	6.06	6.49	6.52	6.49	6.46
医药制造业占比（%）	2.62	3.39	3.41	3.42	3.44
有色金属冶炼及压延加工业占比（%）	3.86	3.00	2.98	2.96	2.94
煤炭采选业占比（%）	2.57	2.39	2.41	2.39	2.60
非金属矿物制品业占比（%）	1.88	2.10	2.10	2.10	2.10
纺织业占比（%）	2.16	2.03	2.04	2.05	2.06
仪器仪表及文化办公用机械制造业占比（%）	7.07	1.93	1.95	1.97	1.93
金属制品业占比（%）	1.79	1.67	1.72	1.68	1.69
石油和天然气开采业占比（%）	1.33	1.63	1.64	1.65	1.64
食品加工业占比（%）	1.43	1.31	1.32	1.33	1.33
塑料制品业占比（%）	1.03	1.15	1.15	1.18	1.17
饮料制造业占比（%）	1.11	1.09	1.09	1.13	1.12
橡胶制品业占比（%）	0.98	1.07	1.05	1.04	1.06
食品制造业占比（%）	1.01	1.01	1.03	1.03	1.04
造纸及纸制品业占比（%）	1.25	0.97	0.97	0.99	0.97
化学纤维制造业占比（%）	1.71	0.97	0.97	0.95	0.96
石油加工及炼焦业占比（%）	1.05	0.99	0.98	0.96	0.95
电力蒸汽热水的生产和供应业占比（%）	0.61	0.81	0.81	0.86	0.82
服装及其他纤维制品制造业占比（%）	0.45	0.44	0.45	0.44	0.44
烟草加工业占比（%）	0.25	0.38	0.36	0.39	0.36
其他制造业占比（%）	0.93	0.36	0.36	0.36	0.36
印刷业和记录媒介的复制占比（%）	0.33	0.29	0.27	0.27	0.28
文教体育用品制造业占比（%）	0.22	0.27	0.27	0.28	0.28
木材加工及竹藤棕草制品业占比（%）	0.22	0.27	0.27	0.27	0.27

续表

年份	2011	2012	2013	2014	2015
皮革毛皮羽绒及其制品业占比（%）	0.25	0.25	0.25	0.25	0.25
有色金属矿采选业占比（%）	0.22	0.20	0.20	0.20	0.21
家具制造业占比（%）	0.15	0.17	0.17	0.18	0.17
非金属矿采选业占比（%）	0.11	0.06	0.06	0.06	0.06
黑色金属矿采选业占比（%）	0.06	0.05	0.05	0.05	0.05
自来水的生产和供应业占比（%）	0.02	0.03	0.04	0.04	0.04
煤气生产和供应业占比（%）	0.19	0.02	0.02	0.02	0.02

第四节　R&D 资本固定资本存量净额

在上面两种方案计算 R&D 固定资本形成的基础上，我们根据役龄—价格曲线，可计算 R&D 资本存量净额的期初余额和期末余额，然后使用简单平均计算年均余额。令 W^{tB}、W^{tE} 分别为以参考年价格（基期价格）计量的时期 t 期初、期末的净资本存量（或者资本财富），根据役龄—价格函数的定义，那么：

$$W^{tB} = \psi_{0.5} I^{t-1} + \psi_{1.5} I^{t-2} + \psi_{2.5} I^{t-3} + \cdots$$
$$W^{tE} = \psi_{0.5} I^{t} + \psi_{1.5} I^{t-1} + \psi_{2.5} I^{t-2} + \cdots \qquad (6-12)$$

取年初与年末的简单平均 $W^t = 0.5(W^{tB} + W^{tE})$ 为以参考年价格计量的时期 t 的 R&D 平均净存量。转换为当年价格，即以时期 t 期初价格计量的净存量为 $P_0^{tB} W^{tB}$，以期末价格计量的净存量为 $P_0^{tE} W^{tE}$。

一、平均服务寿命相同时的 R&D 资本存量净额

由于本书涉及的效率衰减参数过多，如双曲效率衰减包括了 0.1、0.3、0.5、0.7 和 0.9 共 5 个参数，对于几何效率衰减包括了 0.1、0.15、0.2、0.25、0.3 和 0.35 共 6 个参数，在分析论述中我们仅以 0.9 和 0.15 为例，其余结果将在附表中给出。所有分析也仅针对不变价，当年价结果也在附表中给出。

图 6 - 12 是基于方案一计算的 1990 年价格的 2001～2015 年 R&D 资本存量净额，可见资本存量净额位于正态—线性—5 年与 S2—双曲—8 年的曲线之间。2015 年最大值为 19851.36 亿元，最小值为正态—线性—5 年时的 8691.29 亿元。

图 6 - 13 和表 6 - 3 是基于方案一的当年价格的 2001 ~ 2015 年 R&D 资本存量净额。比较可以发现，如同不变价的结果变化一样，当年价格资本存量净额也是位于正态—线性—5 年与 S2—双曲—8 年之间。最大值为 S2—双曲—8 年时的 51956.02 亿元，最小值为正态—线性—5 年时的 27281.75 亿元。

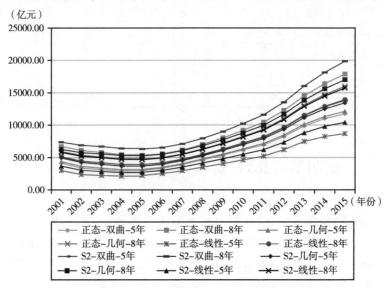

图 6 - 12   基于方案一的 1990 年不变价 2001 ~ 2015 年 R&D 资本存量净额

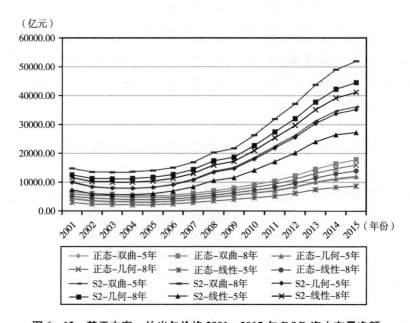

图 6 - 13   基于方案一的当年价格 2001 ~ 2015 年 R&D 资本存量净额

表6-3　基于方案一的当年价格 2001～2015 年 R&D 资本存量净额

年份			2001	2002	2003	2004	2005	2006	2007	2008	2009	2010	2011	2012	2013	2014	2015
S2 双曲 b=0.9	5 年	期初	11428.85	8711.43	8377.24	8051.43	8039.50	8732.24	10117.44	12739.79	14060.14	17263.44	21185.22	23629.88	28861.31	33379.66	34918.85
		期末	8884.37	8203.14	7564.14	7700.56	8441.78	9781.92	11901.05	14843.72	16173.96	19773.14	23753.45	29036.19	33640.86	36111.06	37397.16
		平均	10156.61	8457.28	7970.69	7876.00	8240.64	9257.08	11009.25	13791.76	15117.05	18518.29	22469.33	26333.03	31251.08	34745.36	36158.00
	8 年	期初	15662.72	13569.07	13766.62	13890.15	13972.65	14600.54	15981.80	19036.26	20331.33	24598.53	30037.28	33648.71	40403.12	46704.16	49729.15
		期末	13838.43	13480.51	13049.49	13383.58	14114.88	15451.81	17782.98	21464.41	23046.14	28035.18	33824.68	40647.94	47069.62	51427.02	54182.88
		平均	14750.58	13524.79	13408.06	13636.87	14043.77	15026.17	16882.39	20250.33	21688.74	26316.85	31930.98	37148.33	43736.37	49065.59	51956.02
S2 几何 δ=0.15	5 年	期初	11093.18	8550.18	8319.97	8040.95	8017.47	8648.12	9940.08	12439.00	13682.33	16782.78	20600.05	22994.49	28081.69	32445.94	33954.86
		期末	8719.91	8147.05	7554.30	7679.46	8360.46	9610.44	11620.07	14444.85	15723.64	19226.97	23114.74	28251.85	32699.83	35114.16	36439.09
		平均	9906.55	8348.62	7937.13	7860.21	8188.97	9129.28	10780.07	13441.93	14702.98	18004.88	21857.40	25623.17	30390.76	33780.05	35196.97
	8 年	期初	13497.52	11331.64	11457.62	11507.26	11604.09	12241.31	13548.82	16300.36	17491.31	21188.73	25872.01	28931.72	34913.90	40329.48	42704.26
		期末	11556.59	11219.50	10810.81	11114.87	11834.13	13099.50	15227.21	18466.11	19851.53	24147.54	29083.02	35125.46	40645.06	44162.29	46347.03
		平均	12527.05	11275.57	11134.22	11311.06	11719.11	12670.40	14388.01	17383.24	18671.42	22668.14	27477.52	32028.59	37779.48	42245.88	44525.65
S2 线性	5 年	期初	8583.60	6085.12	5938.12	5739.04	5835.30	6500.75	7670.48	9769.16	10788.30	13206.20	16170.56	17963.48	22228.32	25640.35	26454.22
		期末	6205.92	5814.71	5391.70	5589.29	6284.51	7416.11	9125.99	11389.54	12372.77	15092.73	18057.42	22363.01	25840.98	27357.44	28109.28
		平均	7394.76	5949.91	5664.91	5664.16	6059.91	6958.43	8398.24	10579.35	11580.54	14149.47	17113.99	20163.24	24034.65	26498.89	27281.75
	8 年	期初	12656.54	10335.25	10320.95	10237.44	10274.04	10894.37	12188.26	14848.68	16071.84	19564.78	23948.49	26778.84	32458.39	37505.56	39556.73
		期末	10540.42	10106.45	9617.85	9840.90	10531.99	11784.07	13871.10	16967.53	18330.07	22352.23	26918.88	32655.07	37799.05	40907.30	42763.35
		平均	11598.48	10220.85	9969.40	10039.17	10403.02	11339.22	13029.68	15908.11	17200.95	20958.51	25433.69	29716.95	35128.72	39206.43	41160.04

图 6 – 14 是方案二中不考虑政府部门、研究机构和高等院校资本收益情况下的 R&D 资本存量年均净额，计算过程是首先计算各执行部门的存量余额，然后加总合计得到全社会 R&D 资本存量净额。图 6 – 14 中仅仅给出了正态退役模式和 WinfreyS2 退役模式下的结果，附件会给出 WinfreyS2 的结果。从图 6 – 14 中可发现，历年来 1990 年不变价资本存量净额位于正态退役—线性效率衰减—5 年平均服务寿命与 S2 退役—双曲衰减—8 年平均服务寿命两条曲线之间。2015 年 R&D 资本存量净额最小值为正态—线性—5 年寿命时，余额为 7802.57 亿元，最大值为 S2—双曲—8 年平均寿命时，余额为 17976.32 亿元，两者相差绝对额超过 10000 亿元。由此可见，正确判断和使用 R&D 资本的退役模式、效率衰减模式和平均服务寿命是至关重要的。分析比较数据，可发现以下结论。

（1）相同参数条件下，方案一的结果大于方案二。将方案一与方案二比较发现，方案二估计的资本存量净额小于方案一。例如，最小值方案一大于方案二 888.72 亿元。

（2）在相同退役模式和相同平均服务寿命条件下，三种效率衰减模式下的平均 R&D 资本存量净额大小顺序是双曲衰减 > 几何衰减 > 线性衰减。如对于 WinfreyS2 退役模式，平均服务寿命为 8 年时，2015 的结果分别为 17976.32 亿元、15390 亿元和 14186.8 亿元。

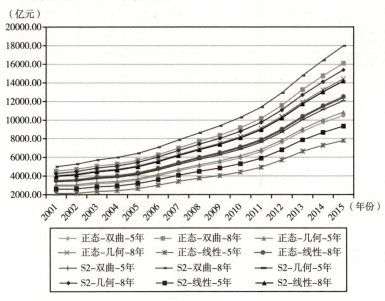

图 6 – 14   1990 年不变价的 2001～2015 年 R&D 资本存量净额（方案二）

（3）在相同退役模式和效率衰减模式条件下，平均服务寿命越长，平均 R&D 资本存量净额越大。如 2015 年 WinfreyS2 退役模式，双曲效率递减时，由 8 年平均服务寿命得到的 R&D 平均资本存量净额为 17976.32 亿元，远远高于平均服务寿命为 5 年的结果（12394.59 亿元）。

（4）在相同效率衰减模式和平均服务寿命条件下，根据不同退役模式计算的 R&D 平均资本存量净额大小顺序为 WinfreyS2 > WinfreyS3 > 正态。如 2015 年对应的结果是 17976.32 亿元（WinfreyS2）> 17661.75 亿元（WinfreyS3）> 16109.43 亿元。

二、政府部门服务寿命为 5 年、企业及海外部门服务寿命为 8 年时的 R&D 资本存量净额

我们在前文已经使用有效发明专利的存活时间估计了不同部门的 R&D 平均服务寿命。为了更加准确地计算 R&D 的资本存量净额，我们将方案二中具有政府部门性质的研究机构、高等院校的 R&D 平均服务寿命设定为 5 年，将企业和海外部门的 R&D 平均服务寿命设定为 8 年。

图 6 - 15 是正态退役、WinfreyS2 和 WinfreyS3 退役模式下的双曲效率衰减参数 $b = 0.9$、几何效率衰减 $\delta = 0.15$ 和线性效率衰减对应的不变价 R&D 资

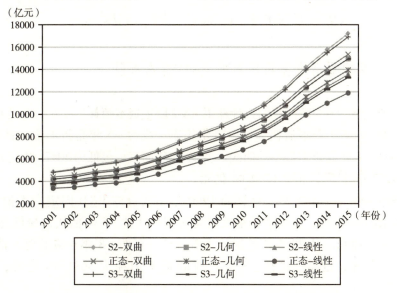

图 6 - 15　不同服务寿命组合的全社会 R&D 资本存量净额

本存量净额。从中可发现在同一效率衰减模式下，S2 与 S2 退役模式的存量净额比较接近，但 S2 的存量净额大于同时期 S3，两者均大于正态退役模式的存量净额。如观察双曲效率衰减，2015 年，三条曲线对应的 R&D 资本存量净额分别是 17200.34 亿元、16911.8 亿元和 15304.87 亿元。

第五节　R&D 资本折旧/资本消耗

如第三章所述，一个 n 岁役龄资产在各年的折旧总额可表述为单位折旧价值乘以役龄 n 投入序列总量：

$$D_n^t = d_n^t I^{t-n-0.5} = P_n^{tB}\delta_n(1 + i_{(tB)}/2)I^{t-n-0.5}, n = 0.5, 1.5, 2.5, \cdots$$

$$(6-13)$$

对于时期 t 取当年投资的一半。那么时期 t 的折旧总额应该是以时期 t 的平均价格计量的，各个役龄的折旧率乘以旧投资数量积的和，即：

$$D^t = D_{H_0}^t + D_{0.5}^t + D_{1.5}^t + D_{2.5}^t + \cdots$$
$$= P_0^t\delta_0 I^t/2 + \delta_{0.5}P_{0.5}^t I^{t-1} + \delta_{1.5}P_{1.5}^t I^{t-2} \qquad (6-14)$$

由役龄—价格函数定义公式（2-10），式（6-14）可写成：

$$D^t = P_0^t[\delta_0 I^t/2 + \delta_{0.5}\psi_{0.5}I^{t-1} + \delta_{1.5}\psi_{1.5}I^{t-2} + \cdots] \qquad (6-15)$$

一、平均服务寿命相同时的 R&D 资本折旧

依据公式（6-15）我们也计算了 R&D 固定资本消耗。图 6-16 是基于方案一计算的 R&D 资本消耗，可以看出正态—线性—5 年是折旧最大的曲线，S2—双曲—8 年是折旧最小的曲线。就 2015 年而言，最低为 5047.44 亿元，最高为 6287.68 亿元，相差 1240.44 亿元。

图 6-17 是基于方案二计算的 1990 年不变价的 R&D 固定资本消耗/折旧，从图中可发现，资本消耗最大的是正态—线性—5 年曲线，最低是 S2—双曲—8 年曲线。从 2015 年绝对额来看，S2—双曲—8 年对应的资本消耗为 4635.65 亿元，正态—线性—5 年对应的资本消耗为 5681.16 亿元，相差 1045.51 亿元。

（亿元）

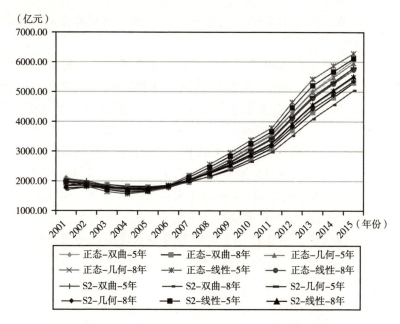

图 6 – 16　2001～2015 年不变价 R&D 资本消耗（方案一）

（亿元）

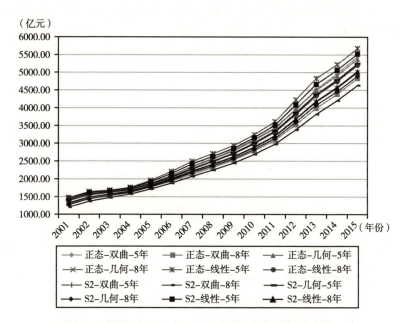

图 6 – 17　2001～2015 年不变价 R&D 资本消耗（方案二）

分析比较数据，可发现以下结论。

（1）相同参数条件下，方案一的结果大于方案二。如 S2—双曲—8 年时，方案一的资本消耗为 5047.44 亿元，而方案二的资本消耗为 4635.65 亿元，相差 411.79 亿元。

（2）在相同退役模式和相同平均服务寿命条件下，三种效率衰减模式下的 R&D 资本消耗大小顺序是线性衰减 > 几何衰减 > 双曲衰减。如对于 WinfreyS2 退役模式，平均服务寿命为 8 年时，2015 的不变价 R&D 资本消耗分别为 5029.46 亿元、4898.12 亿元和 4635.65 亿元。

（3）在相同退役模式和效率衰减模式条件下，平均服务寿命越长，R&D 资本消耗越小。如 2015 年 WinfreyS2 退役模式，双曲效率递减时，由 8 年平均服务寿命得到的 R&D 资本消耗为 4635.65 亿元，远远低于平均服务寿命为 5 年的结果（5240.92）。

（4）在相同效率衰减模式和平均服务寿命条件下，根据不同退役模式计算的 R&D 资本消耗大小顺序为正态 > WinfreyS2 > WinfreyS3。如不变价 2015 年对应的结果是 4834.97 亿元（正态） > 4668.05 亿元（WinfreyS2） > 4635.65 亿元（WinfreyS3）。

二、政府部门服务寿命为 5 年、企业及海外部门服务寿命为 8 年时的 R&D 折旧

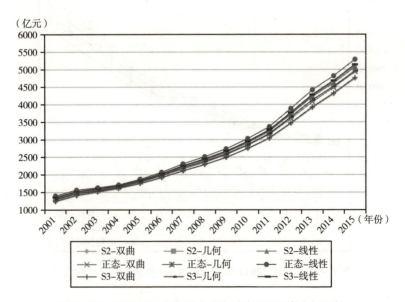

图 6-18   不同服务寿命组合的全社会 R&D 资本折旧额

同样，根据第四章中的平均服务寿命计算结果，在方案二中，我们将研究机构、高等院校等具有政府行政部门性质的 R&D 资本平均服务寿命设定为 5 年，将企业和海外部门的 R&D 资本平均服务寿命设定为 8 年，合计得到全社会的 R&D 资本消耗。从图 6 – 18 可发现，R&D 资本消耗大小的顺序与上节中 R&D 资本存量净额的次序刚好相反。

第六节　R&D 生产性资本存量与资本服务量指数

在第三章已经论述，在经济分析中，特别是在测度全要素生产率时，还需要将总使用成本分解为价格和物量两个部分。时期 t 总使用成本是各期投资乘以 t 期相应役龄的单位使用成本之和：

$$U^t = f_0^t I^t / 2 + f_{0.5}^t I^{t-1} + f_{1.5}^t I^{t-2} + f_{2.5}^t I^{t-3} + \cdots \qquad (6-16)$$

根据役龄—效率函数的定义公式（2 – 1）$h_n = f_n^t / f_0^t$，则：

$$U^t = f_0^t [I^t / 2 + h_{0.5}^t I^{t-1} + h_{1.5}^t I^{t-2} + h_{2.5}^t I^{t-3} + \cdots] = f_0^t K^t \qquad (6-17)$$

其中，$K^t = I^t / 2 + h_{0.5}^t I^{t-1} + h_{1.5}^t I^{t-2} + h_{2.5}^t I^{t-3} + \cdots$ 称为以基期期中价格计量的生产性资本存量。公式（6 – 17）提供了将资本服务价值量变化分解为价格变化和物量变化的途径，对于单一资产，在役龄—效率函数的时间不变假设和不同年份之间具有替代性假设下，物量变化仅仅体现在生产性资本存量的变化。对于资产组，需要按照资产类型进行汇总。按照不同资产类型进行合计，就得到全社会 R&D 资本使用成本总额，也就是资本服务总额：

$$U^t = \sum_{k=1}^N f_0^{k,t} K^{k,t} \qquad (6-18)$$

如果以参考年价格的资本服务单位成本乘以生产性资本存量，再按照资本类型汇总，就得到不变价的资本服务总额：

$$V^t = \sum_{k=1}^N f_0^{k,t_0} K^{k,t} \qquad (6-19)$$

理论上应该根据 R&D 的类型，分别计算其生产性资本存量，然后使用成本份额加权计算得到资本服务指数。遗憾的是，我国尚未公开发布基础研究、应用研究和试验发展的内部支出细分构成，也就造成计算其固定资本形成是不可能的，计算生产性资本存量也因此是不可能的。为此，我们采用按照执行部

门分类的方法，即先计算企业部门、研究机构、高等院校和海外部门的 R&D
生产性资本存量，然后再计算资本服务量。在计算生产性资本存量时，我们借
鉴美国 R&D 卫星账户中 R&D 的资本收益率，折旧率为根据役龄——价格函数估
计的折旧率。

一、生产性资本存量

图 6-19 是根据企业部门、研究机构部门、高等院校部门和海外部门合计
得到的全社会生产性资本存量。从图中可知 S2—双曲—8 年曲线对应的生产性
资本存量最高，正态—线性—5 年对应的生产性资本存量最低。从 2015 年的
结果来看，最大值为在 WinfreyS2 退役模式、双曲效率衰减、8 年平均服务寿
命情况下得到的 32475.48 亿元，最小值是正态退役模式、线性效率衰减、5
年平均服务寿命情况下的 13841.88 亿元。

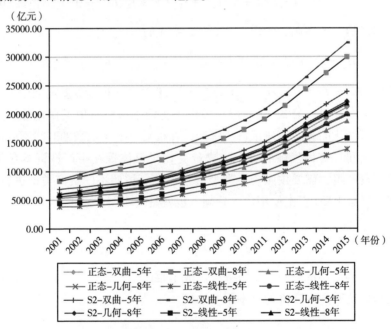

图 6-19　2001~2015 不变价 R&D 生产性资本存量

分析比较数据，可发现以下结论。

（1）在相同退役模式和相同平均服务寿命条件下，三种效率衰减模式下
的 R&D 生产性资本存量的大小顺序是双曲衰减 > 几何衰减 > 线性衰减。如对
于 WinfreyS2 退役模式，平均服务寿命为 8 年时，2015 的不变价 R&D 生产性

资本存量分别为 32475.48 亿元、22232.96 亿元和 21913.20 亿元。

（2）在相同退役模式和效率衰减模式条件下，平均服务寿命越长，R&D 生产性资本存量越大。如不变价 2015 年 WinfreyS2 退役模式，双曲效率递减时，由 8 年平均服务寿命得到的 R&D 生产性资本存量 32475.48 亿元，远远高于平均服务寿命为 5 年的结果（23918.46 亿元）。

（3）在相同效率衰减模式和平均服务寿命条件下，根据不同退役模式计算的 R&D 资本消耗大小顺序为 WinfreyS3 > WinfreyS2 > 正态。如不变价 2015 年，双曲衰减，8 年平均寿命时对应的结果是 32744.99 亿元（WinfreyS3）> 32475.48 亿元（WinfreyS2）> 13178.05 亿元（正态）。

二、资本服务量指数

使用企业部门、研究机构、高等院校和海外部门的资本使用成本所占份额为权重对生产性资本存量指数加权，就得到 R&D 资本的资本服务量指数。我们分别计算了拉氏资本服务量指数、派氏资本服务量指数和费希尔资本服务量指数。表 6-3 是正态退役模式下的资本服务量指数，由于数据量较大，我们分别选择了平均寿命为 5 年和 8 年、双曲效率衰减模式选择参数 $b = 0.9$，几何效率参数选择 $\delta = 0.15$ 的情况给出。WinfreyS2 退役模式下、WinfreyS3 退役模式下的 R&D 资本服务量指数，将在附件中列出。

三、5 年与 8 年平均服务寿命组合的全社会资本服务量指数

同样，根据第四章计算不同部门的 R&D 平均服务寿命，本书将 5 年平均寿命的研究机构和高等院校，与 8 年平均服务寿命的企业和海外部门进行组合，得到全社会的 R&D 资本服务量指数，并分别计算了拉氏指数、派氏指数和费希尔指数。

计算结果表明，合成的 R&D 服务量指数与 1990 年不变价 GDP 环比指数变化趋势吻合。图 6-20 是 WinfreyS2 退役模式下的双曲衰减、几何衰减和线性衰减的 R&D 资本服务量指数与 1990 不变价格 GDP 环比指数的对比图，从图形变化趋势可看出总体上四条曲线的变化趋势非常吻合，说明组合的全社会 R&D 服务量指数能较好地解释 GDP 的变化。

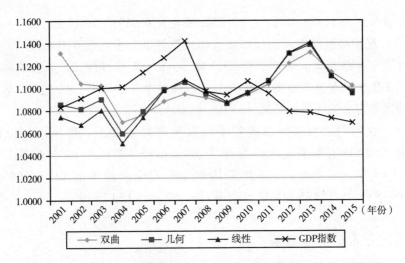

图6-20　WinfreyS2 退役模式下三个 R&D 服务量指数与 GDP 指数

四、5 年与 7 年组合的全社会资本服务量

在企业部门 R&D 平均服务寿命为 7 年，高等院校（代表一般政府部门）R&D 平均服务寿命为 5 年，最长寿命为法律寿命 20 年时，借鉴澳大利亚和荷兰的做法，役龄—效率函数采用参数为 0.75 的双曲效率衰减模式，退役模式采用正态函数生成的钟形退役模式。我们分别计算了 2001～2015 年相邻两年的拉氏指数、派氏指数和费希尔指数以及相应的链式指数，并将费希尔指数与 GDP 指数相比较，从链式指数与定基 GDP 指数曲线图可以发现两者发展趋势一致。在此期间，R&D 资本服务投入年均增长9.3%，GDP 年均增长 9.7%。从图 6-22 可发现 R&D 资本服务投入波动情况以及时期区间特征，增长速度从“十五”的 6.3% 提高到“十二五”的 11.2%，特别是自 2006 年以后，R&D 资本服务投入的增长速度均高于其平均增长速度。从图 6-22 可以发现，2008～2010 年相邻两年的费希尔指数与 GDP 环比指数非常接近，形成一个分水岭，将 R&D 资本服务指数分成两个阶段，前期的费希尔指数小于 GDP 指数，后期的费希尔指数大于 GDP 指数。这说明社会各界越来越重视 R&D 的重要性，R&D 资本服务投入速度开始大于经济增长速度。

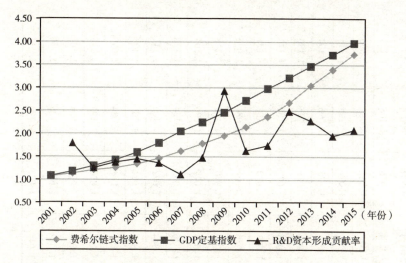

图 6 – 21　费希尔链式指数、GDP 定基指数与 R&D 资本形成贡献率

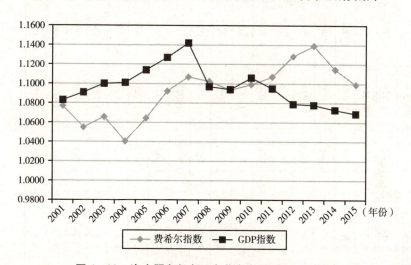

图 6 – 22　资本服务相邻两年指数与环比 GDP 指数

　　2001 ~ 2015 年 GDP 平均增速高于同期 R&D 资本服务投入速度 0.4 个百分点，这说明 2001 ~ 2015 年 R&D 服务投入对产出的弹性（R&D 资本服务增长 1% 带来的产出增长点数）大于 1。但是各个发展规划时期的弹性表现为递减，由"十五"的 1.7 下降到"十一五"的 1.13，"十二五"表现为缺乏弹性。但这并不意味着 R&D 对经济增长的推动作用越来越低，从图 6 –21 中 R&D 固

表6-4　　正态退役模式下 R&D 资本服务量指数

指数类型	效率衰减模式	平均服务寿命	2001 年	2002 年	2003 年	2004 年	2005 年	2006 年	2007 年
拉氏指数	双曲 $b=0.9$	5 年	1.038	1.028	1.054	1.034	1.071	1.108	1.121
		8 年	1.122	1.091	1.088	1.056	1.067	1.084	1.096
	几何 0.15	5 年	1.039	1.039	1.060	1.036	1.071	1.105	1.118
		8 年	1.086	1.080	1.086	1.055	1.075	1.096	1.104
	线性	5 年	1.000	1.026	1.063	1.038	1.088	1.125	1.130
		8 年	1.063	1.058	1.072	1.045	1.073	1.100	1.111
派氏指数	双曲 $b=0.9$	5 年	1.037	1.027	1.053	1.033	1.070	1.108	1.121
		8 年	1.122	1.091	1.087	1.056	1.066	1.084	1.096
	几何 0.15	5 年	1.039	1.038	1.059	1.035	1.070	1.105	1.118
		8 年	1.085	1.079	1.086	1.054	1.074	1.096	1.104
	线性	5 年	0.999	1.025	1.062	1.036	1.087	1.124	1.130
		8 年	1.062	1.057	1.072	1.044	1.072	1.100	1.111
费希尔指数	双曲 $b=0.9$	5 年	1.037	1.028	1.054	1.033	1.071	1.108	1.121
		8 年	1.122	1.091	1.087	1.056	1.066	1.084	1.096
	几何 0.15	5 年	1.039	1.039	1.060	1.036	1.070	1.105	1.118
		8 年	1.085	1.079	1.086	1.054	1.075	1.096	1.104
	线性	5 年	1.000	1.025	1.063	1.037	1.088	1.125	1.130
		8 年	1.063	1.057	1.072	1.045	1.073	1.100	1.111

续表

指数类型	效率衰减模式	平均服务寿命	2008 年	2009 年	2010 年	2011 年	2012 年	2013 年	2014 年	2015 年
拉氏指数	双曲 $b=0.9$	5 年	1.111	1.096	1.097	1.104	1.132	1.148	1.120	1.098
		8 年	1.095	1.091	1.098	1.106	1.124	1.134	1.115	1.103
	几何 0.15	5 年	1.105	1.093	1.100	1.108	1.135	1.144	1.113	1.096
		8 年	1.095	1.088	1.097	1.108	1.132	1.139	1.111	1.097
	线性	5 年	1.104	1.085	1.096	1.111	1.149	1.156	1.106	1.083
		8 年	1.101	1.090	1.098	1.109	1.134	1.143	1.112	1.095
派氏指数	双曲 $b=0.9$	5 年	1.111	1.095	1.096	1.104	1.132	1.148	1.120	1.098
		8 年	1.095	1.091	1.098	1.106	1.124	1.134	1.115	1.103
	几何 0.15	5 年	1.105	1.092	1.099	1.108	1.135	1.144	1.113	1.096
		8 年	1.095	1.087	1.097	1.108	1.132	1.139	1.111	1.097
	线性	5 年	1.104	1.084	1.094	1.110	1.149	1.156	1.106	1.083
		8 年	1.100	1.089	1.097	1.108	1.134	1.143	1.112	1.095
费希尔指数	双曲 $b=0.9$	5 年	1.111	1.095	1.096	1.104	1.132	1.148	1.120	1.098
		8 年	1.095	1.091	1.098	1.106	1.124	1.134	1.115	1.103
	几何 0.15	5 年	1.105	1.093	1.100	1.108	1.135	1.144	1.113	1.096
		8 年	1.095	1.087	1.097	1.108	1.132	1.139	1.111	1.097
	线性	5 年	1.104	1.084	1.095	1.111	1.149	1.156	1.106	1.083
		8 年	1.100	1.089	1.098	1.108	1.134	1.143	1.112	1.095

定资本形成对经济增长的贡献率曲线可看出，[①] R&D 服务对经济增长的贡献总体上波动中呈上升趋势。特别是在经历了 2008 年的全球金融危机之后，我国经济进入动力转换与速度换挡、结构转型的经济新常态阶段，尽管经济增速下降，但是从 2010 年的贡献率均超过以往各期，因此，R&D 资本的作用呈波浪形逐步提高，这充分说明各项以研发促经济转型升级发展的政策作用已经开始显现，R&D 越来越发挥引擎作用，创新驱动发展的发展战略是正确的。

第七节　R&D 资本的影响与作用分析

将 R&D 核算为资本，对于国民账户的结构将会产生巨大影响，会使总产出增加、GDP 增加、资本形成增加、政府最终消费降低、固定资产折旧增加、营业盈余增加、可支配收入增加、总储蓄增加，也会对描述经济结构的相对指标产生重大影响。用投入产出表描述的 R&D 资本化的影响如图 6－23 所示。

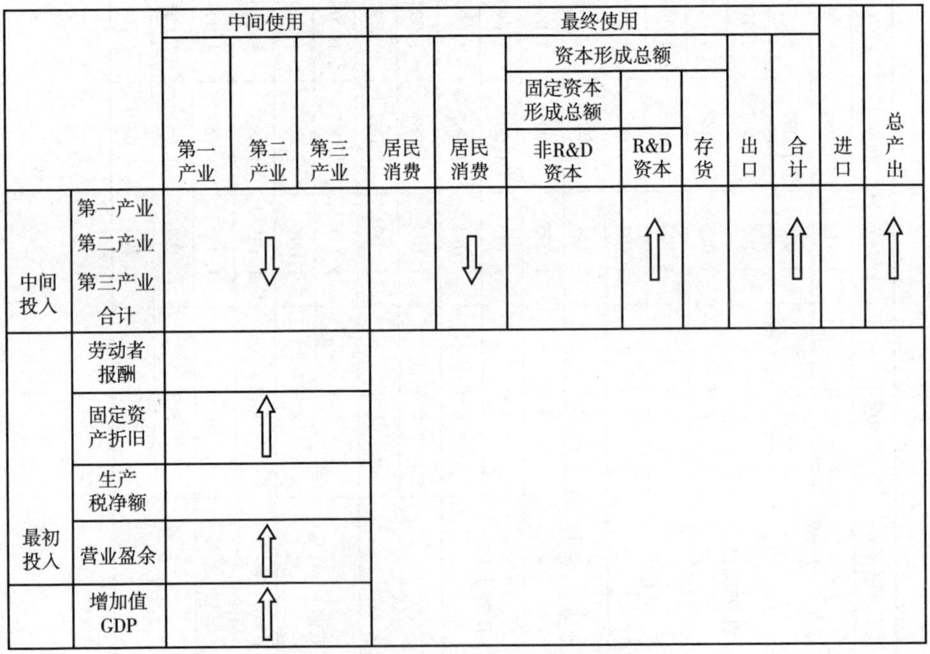

图 6－23　R&D 资本化核算的影响

① R&D 固定资本形成贡献率是 R&D 固定资本形成增量与 GDP 增量之比；应对 2008 年全球金融危机的 4 万亿投资导致 2009 年贡献率特别高。

一、2015 年使全国 GDP 总量当年价增加 1.31% ~ 1.39%

扣除现行我国国民经济核算中已经计入增加值的物质资本资产和净出口、剔除软件部分后，将剩余的 R&D 固定资本形成计入 GDP，表 6 - 5 是 R&D 资本化后使得当年 GDP 提高的百分点数。从表 6 - 5 中可以看出：一是使 GDP 增加的百分比逐年提高，主要是由于 R&D 内部支出不断提高引起的；二是与其他核算结果相比，本书的结果比较可靠。以 2015 年为例，本书方案一使 2015 年 GDP 增加 1.39%，根据方案二计算使 GDP 增加 1.31%，接近中国国家统计局公布的 1.3% 。

表 6 - 5　　　2001 ~ 2015 年 R&D 资本化使当年 GDP 增加的百分比　　单位：%

国家/年份	2001	2002	2003	2004	2005	2006	2007	2008
美国 1	3	2.9	2.8	2.8	2.8	2.9	3	
美国 2	2.7	2.6	2.6	2.6	2.6	2.7	2.8	
美国 3	3.30	3.18	3.32	3.57	3.74	3.59	3.22	3.00
英国	1.4	1.39	1.27	1.2				
加拿大 1	1.6	1.6	1.6	1.6				
加拿大 2	1.45	1.50	1.52	1.55	1.50	1.46	1.35	1.38
以色列	1.9	2.6	2.7	2.3	2.6			
芬兰	1.89	2.23	2.91	2.62	2.82	3.08		
荷兰	1.21	1.19	1.2	1.21				
中国国家统计局	0.53	0.59	0.62	0.70	0.76	0.81	0.82	0.87
本书方案二	0.45	0.52	0.56	0.66	0.72	0.79	0.81	0.87
本书方案一	0.50	0.57	0.62	0.72	0.78	0.85	0.87	0.94
国家/年份	2009	2010	2011	2012	2013	2014	2015	2016
美国 3	0.50	0.57	0.62	0.72				
加拿大 2	1.41	1.36	1.34	1.26	1.29	1.25	1.23	1.27
中国国家统计局	0.99	1.00	1.06	1.16	1.21	1.25	1.30	
本书方案二	1.00	1.04	1.11	1.21	1.27	1.30	1.31	
本书方案一	1.06	1.15	1.18	1.28	1.35	1.38	1.39	

注：美国 1 指的是用投入价格指数缩减结果；美国 2 指的是用产出价格指数缩减结果；美国 3 指的是根据 NSF 研究数据计算的结果；加拿大 1 指的是根据加拿大 R&D 卫星账户中数据计算结果；加拿大 2 指的是根据加拿大统计局国民账户有关数据计算结果。

二、使各地区 GDP 均提高

从表 6-6 可以看出，R&D 资本化使得各地区的 GDP 均有所增加，但是增加的百分点差异较大。2015 年使 GDP 增加超过 1% 的地区有：广东（2.09%）、江苏（2.06%）、浙江（2.00%）、上海（1.92%）、山东（1.91%）、安徽（1.34%）、湖北（1.31%）、福建（1.26%）、湖南（1.19%）、重庆（1.18%）和北京（1.04%）。提高百分点最后三名是海南（0.32%）、青海（0.22%）和西藏（0.02%）。

表 6-6   历年来使各地区当年价 GDP 增加的百分比   单位：%

年 份	2000	2001	2002	2003	2004	2005	2006	2007
全 国	0.47	0.50	0.57	0.62	0.72	0.78	0.85	0.87
北 京	0.80	0.62	0.59	0.58	0.70	0.69	0.69	0.58
天 津	0.74	0.73	0.81	0.74	1.01	1.16	1.38	1.50
河 北	0.26	0.22	0.28	0.31	0.32	0.40	0.44	0.44
山 西	0.49	0.42	0.57	0.49	0.61	0.71	1.10	1.18
内蒙古	0.15	0.17	0.22	0.25	0.29	0.33	0.35	0.31
辽 宁	0.49	0.55	0.77	0.84	0.89	1.00	0.90	1.01
吉 林	0.35	0.32	0.69	0.41	0.44	0.86	0.78	0.67
黑龙江	0.33	0.39	0.41	0.43	0.39	0.42	0.47	0.50
上 海	1.27	1.12	1.20	1.18	1.27	1.34	1.32	1.29
江 苏	0.62	0.65	0.79	0.90	1.18	1.13	1.27	1.42
浙 江	0.28	0.30	0.30	0.48	0.76	0.77	0.86	0.89
安 徽	0.37	0.44	0.61	0.70	0.73	0.87	1.01	1.08
福 建	0.19	0.33	0.31	0.48	0.54	0.61	0.70	0.66
江 西	0.28	0.26	0.30	0.40	0.36	0.45	0.53	0.56
山 东	0.69	0.78	0.86	0.81	0.78	0.89	0.96	1.06
河 南	0.30	0.29	0.31	0.34	0.44	0.43	0.58	0.60
湖 北	0.56	0.60	0.60	0.57	0.62	0.65	0.67	0.63
湖 南	0.28	0.30	0.31	0.39	0.44	0.42	0.48	0.49
广 东	0.60	0.67	0.71	0.72	0.74	0.80	0.89	0.96
广 西	0.27	0.29	0.31	0.41	0.38	0.49	0.35	0.39
海 南	0.09	0.06	0.08	0.06	0.11	0.32	0.25	0.19
重 庆	0.54	0.58	0.60	0.68	0.72	0.91	0.88	0.96
四 川	0.40	0.47	0.59	0.61	0.66	0.81	0.71	0.70
贵 州	0.32	0.35	0.42	0.40	0.43	0.46	0.57	0.50

续表

年　份	2000	2001	2002	2003	2004	2005	2006	2007
云　南	0.19	0.14	0.18	0.16	0.28	0.25	0.36	0.38
西　藏	0.00	0.00	0.00	0.00	0.00	0.00	0.00	0.00
陕　西	0.86	0.84	0.75	0.80	0.89	0.70	0.74	0.72
甘　肃	0.44	0.39	0.37	0.34	0.41	0.48	0.60	0.70
青　海	0.54	0.51	0.62	0.55	0.49	0.61	0.59	0.55
宁　夏	0.60	0.50	0.45	0.45	0.43	0.60	0.71	0.86
新　疆	0.26	0.24	0.25	0.26	0.39	0.33	0.34	0.35
年　份	2008	2009	2010	2011	2012	2013	2014	2015
全　国	0.94	1.06	1.15	1.18	1.28	1.35	1.38	1.39
北　京	0.63	0.98	4.18	1.02	1.14	1.12	1.14	1.04
天　津	1.70	1.57	1.50	1.68	1.87	1.90	1.88	2.00
河　北	0.46	0.49	0.52	0.62	0.72	0.77	0.83	0.90
山　西	1.20	0.76	0.68	0.75	0.85	0.94	0.93	0.75
内蒙古	0.41	0.38	0.35	0.48	0.52	0.58	0.59	0.62
辽　宁	1.03	1.09	1.05	1.23	1.12	1.25	1.15	0.87
吉　林	0.61	0.49	0.82	0.43	0.48	0.52	0.57	0.62
黑龙江	0.56	0.75	0.87	0.68	0.68	0.68	0.62	0.57
上　海	1.35	1.56	2.09	1.77	1.78	1.83	1.90	1.92
江　苏	1.44	1.72	1.37	1.72	1.88	1.96	1.99	2.06
浙　江	0.94	1.40	1.19	1.44	1.65	1.77	1.89	1.98
安　徽	1.11	0.84	0.88	0.98	1.13	1.23	1.30	1.34
福　建	0.73	0.86	0.69	0.95	1.11	1.18	1.22	1.26
江　西	0.58	0.74	0.63	0.63	0.68	0.73	0.76	0.82
山　东	1.12	1.29	1.04	1.56	1.75	1.83	1.88	1.91
河　南	0.59	0.64	0.59	0.73	0.80	0.87	0.91	0.93
湖　北	0.78	0.92	1.11	1.01	1.13	1.23	1.27	1.31
湖　南	0.57	0.83	0.79	0.91	1.03	1.08	1.14	1.19
广　东	1.04	1.41	1.10	1.63	1.84	1.95	2.00	2.09
广　西	0.39	0.40	0.40	0.46	0.51	0.50	0.51	0.44
海　南	0.20	0.14	0.24	0.23	0.27	0.29	0.30	0.32
重　庆	1.04	0.79	0.76	0.86	0.95	1.00	1.06	1.18
四　川	0.69	0.56	1.08	0.49	0.58	0.62	0.65	0.73
贵　州	0.60	0.49	0.49	0.50	0.46	0.42	0.43	0.42
云　南	0.44	0.23	0.43	0.31	0.35	0.38	0.39	0.42
西　藏	0.03	0.15	0.25	0.02	0.06	0.06	0.03	0.02

续表

年　份	2008	2009	2010	2011	2012	2013	2014	2015
陕　西	0.88	0.69	1.57	0.70	0.80	0.82	0.88	0.92
甘　肃	0.66	0.57	0.76	0.49	0.57	0.61	0.65	0.70
青　海	0.65	0.38	0.44	0.46	0.29	0.28	0.32	0.22
宁　夏	0.69	0.54	0.48	0.52	0.58	0.58	0.63	0.65
新　疆	0.49	0.31	0.34	0.33	0.36	0.35	0.38	0.35

三、R&D 资本化对支出法 GDP 构成项目的影响

R&D 资本化对 GDP 及其构成项目均有较大的影响，遗憾的是，由于缺乏全国收入法 GDP 及其构成项目的数据，[①] 我们只能对支出法 GDP 的构成项目进行详细分析。需要说明的是，海外部门执行实施的 R&D 由于不在本国经济领土之内，也就不在 GDP 的核算范围之内，故不予考虑。如表 6 - 7 所示，以 2015 年为例，使 GDP 的增加额等于总产出的增加额，增加的总量为 9145.28 亿元，GDP 增加 1.31%。最终消费减少了 2518.77 亿元，减少了 0.70%；资本形成总额增加了 11664.05 亿元，增加了 3.73%；净出口不变。

四、R&D 资本化使最终消费率降低，资本形成率提高

R&D 资本化会导致国民经济结构发生变化，对于最终消费率和资本形成率的影响如表 6 - 8 所示。由于近年来各执行部门的 R&D 投入均在不断提高，因此，R&D 资本化后使最终消费率降低的点数总体上呈上升趋势，从 2001 年的 61.62% 降低至 61.06%，降低了 0.56 个百分点，到 2015 年最终消费率由 51.61% 降低至 50.58%，降低了 1.03 个百分点。相应地，资本形成率提高，从数量上来看，2001 年提高 0.57 个百分点，2015 年提高 1.07 个百分点，达到 46.01%。

---

① 在国家统计局公布的统计年鉴中仅有各地区的收入法 GDP 及构成项目。对收入法各构成项目的影响，主要使资本消耗增加（我国称之为固定资产折旧）。

表6-7 R&D 资本化使支出法 GDP 构成项目变化

年 份		2001	2002	2003	2004	2005	2006	2007	2008	2009	2010	2011	2012	2013	2014	2015
GDP	资本化前（亿元）	111250	122292	138315	162742	189190	221207	271699	319936	349883	410708	486038	540989	596963	647182	696594
	增加额（亿元）	503.76	631.40	772.31	1069.61	1367.48	1754.90	2210.64	2793.16	3508.90	4271.25	5389.90	6521.38	7576.23	8422.10	9145.28
	增加百分比（%）	0.45	0.52	0.56	0.66	0.72	0.79	0.81	0.87	1.00	1.04	1.11	1.21	1.27	1.30	1.31
最终消费支出	资本化前（亿元）	68547	74068	79513	89086	101448	114729	136229	157466	172728	198998	241022	271113	300338	328313	359516
	减少额（亿元）	315.35	388.37	450.56	494.45	584.46	638.75	750.78	890.04	1073.95	1315.57	1530.10	1795.79	2044.51	2196.66	2518.77
	减少百分比（%）	0.46	0.52	0.57	0.56	0.58	0.56	0.55	0.57	0.62	0.66	0.63	0.66	0.68	0.67	0.70
资本形成总额	资本化前（亿元）	40379	45130	55837	69421	77534	89823	112047	138243	162118	196653	233327	255240	282073	302717	313070
	增加额（亿元）	819.11	1019.77	1222.87	1564.06	1951.94	2393.66	2961.42	3683.20	4582.85	5586.82	6920.00	8317.17	9620.74	10618.76	11664.05
	增加百分比（%）	2.03	2.26	2.19	2.25	2.52	2.66	2.64	2.66	2.83	2.84	2.97	3.26	3.41	3.51	3.73
净出口（亿元）		2325	3094	2965	4236	10209	16655	23423	24227	15037	15057	11688	14636	14552	16152	24007
总产出增加额（亿元）		503.76	631.40	772.31	1069.61	1367.48	1754.90	2210.64	2793.16	3508.90	4271.25	5389.90	6521.38	7576.23	8422.10	9145.28

表 6 – 8　　　　　　　　　　R&D 资本化对经济结构的影响

年 份		2001	2002	2003	2004	2005	2006	2007
最终消费率	资本化前（%）	61.62	60.57	57.49	54.74	53.62	51.86	50.14
	资本化后（%）	61.06	59.94	56.84	54.08	52.93	51.17	49.46
	降低点数	0.56	0.63	0.64	0.66	0.69	0.69	0.68
资本形成率	资本化前（%）	36.30	36.90	40.37	42.66	40.98	40.61	41.24
	资本化后（%）	36.87	37.54	41.02	43.33	41.71	41.36	41.99
	提高点数	0.57	0.64	0.66	0.68	0.73	0.75	0.75
年 份		2008	2009	2010	2011	2012	2013	2014	2015
最终消费率	资本化前（%）	49.22	49.37	48.45	49.59	50.11	50.31	50.73	51.61
	资本化后（%）	48.52	48.57	47.64	48.73	49.19	49.34	49.74	50.58
	降低点数	0.70	0.79	0.82	0.86	0.92	0.97	0.99	1.03
资本形成率	资本化前（%）	43.21	46.33	47.88	48.01	47.18	47.25	46.77	44.94
	资本化后（%）	43.98	47.17	48.73	48.89	48.14	48.25	47.79	46.01
	提高点数	0.77	0.84	0.85	0.88	0.96	1.00	1.02	1.07

五、使最终消费与资本形成对经济增长的贡献率发生较大变化

R&D 资本化后使 GDP、最终消费和资本形成的总量均发生了较大变化，因此也就使得最终消费和资本形成对于经济增长的贡献率发生较大的变化。我们定义贡献率为：

$$r_i = \frac{y_{i,j}^t - y_{i,j}^{t-1}}{GDP_j^t - GDP_j^{t-1}} \qquad (6-20)$$

其中，r 表示贡献率，i 表示最终消费和资本形成，j 表示 R&D 资本化前或资本化后。从表 6 – 9 可以看出，资本形成对于经济增长的贡献 2002 年以来整体上处于波动中上升的趋势，特别是 2015 年使贡献率提高了 44.14 个百分点，贡献率达到 65.10%。

需要说明的是，在核算方法上，R&D 资本化是扣除现行我国国民经济核算中已经计入增加值的物质资本资产和净出口、剔除软件部分后，将剩余的

R&D 固定资本形成计入 GDP, 表 6-5 是 R&D 资本化后使得当年 GDP 提高的百分点数。从该表中可以看出, 一是使 GDP 增加的百分比逐年提高, 主要是由于 R&D 内部支出不断提高引起的; 二是与其他核算结果相比, 特别是与西方国家估计的 R&D 内部支出与 R&D 产出之比、R&D 内部支出与 R&D 固定资本形成相比, 本书的结果与这些比值比较吻合, 故本书的结果比较可靠, 与国家统计局公布结果也比较接近。如以 2015 年为例, 本书方案一使 2015 年 GDP 增加 1.39%, 根据方案二计算使 GDP 增加 1.31%, 接近中国国家统计局公布的 1.3%。

表 6-9　R&D 资本化前后最终消费和资本形成对经济增长贡献率的影响

	年 份	2002	2003	2004	2005	2006	2007
最终消费	资本化前（%）	50.00	33.98	39.19	46.74	41.48	42.58
	资本化后（%）	43.13	28.50	34.90	42.19	37.21	39.47
	降低点数	6.87	5.49	4.29	4.55	4.27	3.11
资本形成	资本化前（%）	43.03	66.82	55.61	30.68	38.38	44.01
	资本化后（%）	59.00	80.11	66.21	43.48	51.33	54.13
	提高点数	15.97	13.29	10.60	12.80	12.95	10.12

	年 份	2008	2009	2010	2011	2012	2013	2014	2015
最终消费	资本化前（%）	44.03	50.96	43.19	55.79	54.76	52.21	55.71	63.15
	资本化后（%）	40.14	43.37	38.77	51.25	47.72	44.51	46.48	52.83
	降低点数	3.89	7.59	4.41	4.54	7.04	7.70	9.23	10.32
资本形成	资本化前（%）	54.31	79.72	56.78	48.68	39.88	47.94	41.11	20.95
	资本化后（%）	67.27	104.82	72.59	64.33	66.24	78.51	80.06	65.10
	提高点数	12.96	25.10	15.81	15.65	26.36	30.57	38.95	44.14

六、使最终消费与资本形成拉动经济增长的点数发生较大变化

我们定义最终消费和资本形成拉动经济增长的点数为:

$$\lambda_i = r_i \times \left(\frac{GDP_j^t}{GDP_j^{t-1}} - 1 \right) \qquad (6-21)$$

其中，λ 表示拉动的点数，r 表示贡献率，i 表示最终消费和资本形成，j 表示 R&D 资本化前或资本化后 R&D 资本化后。从表 6 - 10 可以看出，使最终消费和资本形成拉动经济增长的点数也发生了较大的变化，特别是资本形成的拉动力 2002 年以来处于波动上升趋势，2015 年资本化前仅拉动了 1.6 个点，资本化后拉动力 4.98 个点，这体现了 R&D 资本对于经济增长当期巨大作用。

表 6 - 10　　　R&D 资本化前后最终消费和资本形成拉动经济增长点数

年　份		2002	2003	2004	2005	2006	2007
最终消费	资本化前（%）	4.96	4.45	6.92	7.60	7.02	9.72
	资本化后（%）	4.31	3.75	6.20	6.89	6.33	9.02
	降低点数	0.65	0.71	0.72	0.71	0.69	0.70
资本形成	资本化前（%）	4.27	8.76	9.82	4.99	6.50	10.05
	资本化后（%）	5.90	10.53	11.77	7.10	8.73	12.37
	提高点数	1.63	1.78	1.95	2.11	2.23	2.32

年　份		2008	2009	2010	2011	2012	2013	2014	2015
最终消费	资本化前（%）	7.82	4.77	7.51	10.23	6.19	5.40	4.69	4.82
	资本化后（%）	7.15	4.12	6.76	9.44	5.45	4.64	3.93	4.04
	降低点数	0.66	0.65	0.75	0.79	0.74	0.77	0.76	0.78
资本形成	资本化前（%）	9.64	7.46	9.87	8.93	4.51	4.96	3.46	1.60
	资本化后（%）	11.99	9.96	12.65	11.85	7.56	8.18	6.76	4.98
	提高点数	2.35	2.50	2.78	2.92	3.05	3.22	3.30	3.38

七、对固定资本消耗（固定资产折旧）的影响

R&D 资本化后，理论上应当已计提当期折旧，计入收入法的固定资本消耗中。我们前面已经分析，R&D 的资本消耗受资本平均服务寿命、退役模式和效率衰减模式的影响较大，从当年价计算结果来看，各年折旧额最大的是正态退役模式、线性效率衰减函数在平均寿命为 5 年时的情况。图 6 - 24 为 2015 年平均寿命为 5 年和 8 年时的折旧额，最大为 1645645.28 亿元，最小值为 WinfreyS2 退役模式、双曲衰减在平均寿命 8 时的情况，为 1321043.02 亿元，

不变价的 R&D 固定资本消耗也遵循此规律。

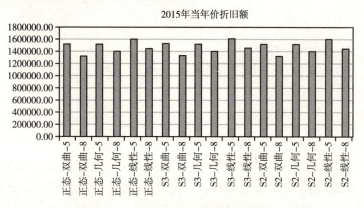

图 6 – 24   2015 年当年价格的资本消耗

第七章 总 结

本书围绕估计 R&D 资本存量主题，论述了为什么要将 R&D 核算为资本、如何估计 R&D 固定资本形成总额，以及 R&D 资本存量净额、R&D 固定资本消耗、R&D 生产性服务量和 R&D 资本服务量指数的核算等问题。相对于我国现有的 2002 年发布的国民经济核算体系来讲，本书本质上是依据国际新标准 2008 年 SNA 而编制的中国 R&D 资本核算卫星账户。通过本书的研究，我们有以下主要结论和创新。

第一节 主要研究结论

一、R&D 资本卫星账户应至少包括 10 张表

资本统计核算是国民账户的重要组成部分，因此 R&D 资本核算应充分考虑国民账户的要求，尤其是未来改进的需要。此外，作为资本的 R&D，应有与其他资本核算相一致的资本计量方法，包括存量核算方法和流量核算方法。在正式纳入主体账户之前，使用卫星账户的方式进行内容、方法等方面的探讨是必要的步骤。本书从 R&D 资本供给与使用、R&D 资本存量与流量的角度构建了包括 10 张表的 R&D 卫星账户逻辑框架。

二、退役模式、平均服务寿命、效率衰减参数是影响 R&D 资产组平均役龄—效率曲线、平均役龄—价格曲线和平均役龄—折旧率曲线的关键因素

在平均服务寿命为 5 年、6 年、7 年和 8 年时，将正态退役、WinfreyS2 与 WinfreyS3 三种退役模式与双曲效率衰减函数（6 个效率衰减参数）、几何效率

衰减函数（6 个效率衰减参数）、线性衰减相组合，本书共得到了 R&D 资产组的平均役龄—效率曲线、平均役龄—价格曲线和平均役龄—折旧率曲线各 156条。比较这些曲线可得出以下结论。

（1）曲线形状有差异。双曲平均役龄—效率曲线呈倒"S"形，几何和线性的平均役龄—效率曲线呈平滑的"L"形。R&D 资产组的平均役龄—价格曲线为一条平滑的"L"形曲线。正态退役模式下役龄—折旧率曲线都呈现为平滑的倒"L"形曲线，而 Winfrey 退役模式役龄—折旧率曲线则表现为平滑的"J"形曲线；

（2）下降趋势不同。双曲平均役龄—效率曲线前期衰减缓慢，其余两者前期快速衰减；同样双曲平均役龄—价格曲线前期下降缓慢，其余两者前期快速下降；几何与线性效率衰减模式下的前期折旧率变化大，后期变化小，而双曲效率衰减模式下则是前期折旧率变化小，后期变化大；

（3）在其他条件相同时，平均服务寿命越长，效率下降越慢，效率值就越高；同样，平均服务寿命越长，价格下降越慢，同一役龄下价格越高，折旧额越低；

（4）在其他条件相同时，Winfrey 退役模式与正态退役模式对效率、价格和折旧的影响差异主要在役龄到达平均服务寿命年限附近时。特别是在 2 倍平均寿命以后，Winfrey 退役模式对应的曲线截尾，即效率值（价格、折旧）为0，而正态退役模式对应的曲线表现为拖尾，逐步逼近 0。WinfreyS2 与 Win-freyS3 对应曲线之间的差异并不显著；

（5）在相同条件下，不同效率衰减函数对应的平均役龄—效率（价格）大小关系是双曲衰减 > 几何衰减 > 线性衰减，对应的平均役龄—折旧率大小关系是线性衰减 > 双曲衰减 > 几何衰减。

三、R&D 资本化核算使 2015 年现价 GDP 增加 1.31% ~ 1.39%，对国民经济结构也有较大影响

（一）R&D 固定资本形成总额总量大幅上涨

本书基于两种方案估计的结果都说明 2001 ~ 2015 年我国当年价格 R&D 固定资本形成总额大幅上涨。基于方案一的计算结果表明，2015 年我国 R&D 固定资本形成总额为 14917.6 亿元，2001 年以来年均增长 19.5%。基于方案二不包括政府部门资本收益的计算结果表明，2015 年我国 R&D 固定资本形成总

额为 14438.28 亿元，2001 年以来年均增长 16.8%。基于方案二包括政府部门资本收益的计算结果表明，2015 年我国 R&D 固定资本形成总额为 14789.59 亿元，2001 年以来年均增长 16.8%。两种方案的计算结果之间的差异基本上在 3% 以内，特别是方案二包含政府部门资本收益的计算结果与方案一比较吻合，但根据国民经济核算基本原则，本书认为按部门核算的方案二较符合实际情况。

（二）使 2015 年全国当年价 GDP 总量增加 1.31%~1.39%

扣除现行我国国民经济核算中已经计入增加值的物质资本资产和净出口、剔除软件部分后，将剩余的 R&D 固定资本形成计入 GDP，结果表明：一是使 GDP 增加的百分比逐年提高，主要是由于 R&D 内部支出不断提高引起的；二是以 2015 年为例，方案一使 2015 年 GDP 增加 1.39%，方案二使 2015 年 GDP 增加 1.31%。

（三）R&D 资本主要集中在东部地区

根据四大区域的 R&D 固定资本形成总额占比，东部地区是最多的地区，占比在 70% 左右，中部地区和西部地区 R&D 固定资本形成总额比较接近，在 13% 左右，东北地区 R&D 固定资本形成在 5% 左右。

（四）R&D 资本主要集中在企业部门

依据方案二不包含政府部门资本收益的 R&D 固定资本形成总额估计结果，企业部门占据绝对比例，在 80% 以上，研究机构在 10% 左右，高等院校在 5%~6%。

（五）R&D 资本的工业行业特征

2015 年规模以上工业 R&D 固定资本形成总额总计 10004.95 亿元。从各行业占比来看，前 10 位分别是：电子及通信设备制造业（16.14%）、交通运输设备制造业（14.37%）、电气机械及器材制造业（10.31%）、黑色金属冶炼及压延加工业（8.03%）、通用机械制造业（7.1%）、化学原料及化学制品制造业（7.04%）、专用设备制造业（6.46%）、医药制造业（3.44%）、有色金属冶炼及压延加工业（2.94%）和煤炭采选业（2.6%）。

四、资本存量净额（资本消耗、生产性资本存量）依赖于平均役龄—价格（折旧、效率）曲线，正确判断和使用 R&D 资本的退役模式、效率衰减模式和平均服务寿命至关重要

第一，方案之间的差异小于方法（参数选择）之间的差异。基于方案一计算的 1990 年价格的 2001~2015 年 R&D 资本存量净额表明 R&D 资本存量净额位于正态—线性—5 年与 S2—双曲—8 年的曲线之间。2015 年最大值为 19851.36 亿元，最小值为正态—线性—5 年时的 8691.29 亿元，差异超过 11000 亿元。

基于方案二中不考虑政府部门资本收益情况下的 R&D 资本存量年均净额表明，历年来 1990 年不变价资本存量净额位于正态退役—线性效率衰减—5 年平均服务寿命与 S2 退役—双曲衰减—8 年平均服务寿命两条曲线之间。2015 年 R&D 资本存量净额最小值为正态—线性—5 年寿命时，余额为 7802.57 亿元，最大值为 S2—双曲—8 年平均寿命时，余额为 17976.32 亿元，两者相差绝对额超过 10000 亿元。方案一的最大值与方案二的差异小于 2000 亿元，最小值差异在 1100 亿元左右，由此可见，正确判断和使用 R&D 资本的退役模式、效率衰减模式和平均服务寿命是至关重要的。

第二，在相同退役模式和相同平均服务寿命条件下，三种效率衰减模式下的平均 R&D 资本存量净额大小顺序是双曲衰减 > 几何衰减 > 线性衰减。如对于 WinfreyS2 退役模式，平均服务寿命为 8 年时，2015 的结果分别为 17976.32 亿元、15390 亿元和 14186.8 亿元。

第三，在相同退役模式和效率衰减模式条件下，平均服务寿命越长，平均 R&D 资本存量净额越大。如 2015 年 WinfreyS2 退役模式，双曲效率递减时，由 8 年平均服务寿命得到的 R&D 平均资本存量净额为 17976.32 亿元，远远高于平均服务寿命为 5 年的结果（12394.59 亿元）。

第四，在相同效率衰减模式和平均服务寿命条件下，根据不同退役模式计算的 R&D 平均资本存量净额大小顺序为 WinfreyS2 > WinfreyS2 > 正态。如 2015 年对应的结果是 17976.32 亿元（WinfreyS2）> 17661.75 亿元（WinfreyS2）> 16109.43 亿元。

五、应考虑不同部门 R&D 资本平均服务寿命时的 R&D 资本

根据平均寿命计算结果，研究机构、高等院校为 5 年，将企业和海外部门为 8 年。双曲效率衰减参数 $b = 0.9$、几何效率衰减 $\delta = 0.15$ 和线性效率衰减时，2015 年三条曲线对应的 R&D 资本存量净额分别是 17200.34 亿元、16911.8 亿元和 15304.87 亿元。R&D 资本消耗的大小次序与之相反。R&D 资本服务费希尔指数与 1990 不变价格 GDP 环比变化趋势非常吻合，说明考虑不同寿命组合的全社会 R&D 服务量指数能较好地解释 GDP 的变化。

第二节　创新点与展望

R&D 资本核算主要满足两个方面的需求，即国民账户的价值量需求和生产率相关实证研究的服务量需求。围绕这些需求，本书有以下创新点。

第一，提出了 R&D 资本化的边界、范围和条件。本书认为在测算 R&D 固定资本形成时，还要重点区分维护和修理、使用许可证、复制许可证以及知识产权产品生产过程中使用的其他知识产权产品资本四种情况。对于基础研究应该区别对待，可将基础研究分为纯基础研究和定向性基础研究两种，前者应该费用化核算，后者应该资本化核算。

在核算内容上，除了固定资本形成总额外，还应估计 R&D 资本存量净额和总额、R&D 生产性资本存量和资本服务量以及资本消耗。在资本化条件上本书认为应满足三个条件：经济所有者条件、经济利益条件和长期性条件。经济所有者条件是指一项 R&D 要想资本化，必须归属于某个经济所有者，换句话说没有经济所有者的 R&D 是不能资本化的。经济利益条件指的是一项 R&D 要想资本化，必须要能为其经济所有者带来经济利益。这里的经济利益是指通过一种行为产生的收益或正效用，它意味着要在两种状态之间进行比较，经济利益可以视为提供服务的报酬，也可以视为获得货物服务（用于当期或未来的生产、消费或积累）的手段。长期性条件指的是 R&D 的服务寿命要超过一年。

第二，改进和完善了 R&D 资本化核算的内容和核算技术。在核算内容上，提出 R&D 资本化核算不仅需要 R&D 固定资本形成，还需要核算 R&D 资本存量净额，更需要 R&D 资本服务量，前者是 R&D 资本核算的投入流

量，后两者分别是存量和服务流量。在核算技术上，首先解决了在我国数据积累基础较差和缺乏官方物质资本核算的情况下，以 R&D 内部支出为起点估计 R&D 固定资本形成的方法；其次，将期初、期末资本存量净额变化 $P_0^{tE} W^{tE} - P_0^{tB} W^{tB}$ 分解为由于资本役龄增加导致价值降低和所属资产类价格常规变化导致价值升高两个部分，使用 R&D 平均役龄—价格曲线构建了 R&D 资本存量净额（价值量）和资本消耗（价值量）的计算方法；最后，根据总使用成本与各期投资及其役龄之间关系，使用 R&D 平均役龄—效率曲线构建了生产性资本存量和服务量的计算方法。

第三，提出了中国 R&D 资本核算卫星账户的框架。R&D 资本化核算是一项全新的内容，为完整且综合描述 R&D 资本，应从投入—产出、流量—存量、行业部门及总量等进行多角度概括。本书提出了包括 10 张表的 R&D 卫星账户框架：（1）各执行部门、各行业、各地区的 R&D 投入表；（2）各执行部门、各行业、各地区的 R&D 产出表；（3）各执行部门、各行业、各地区的 R&D 固定资本形成表；（4）R&D 价格缩减指数表；（5）各执行部门、各行业、各地区的 R&D 资本存量净额表；（6）各执行部门、各行业、各地区的 R&D 资本消耗表；（7）各执行部门、各行业、各地区的 R&D 资本存量总额表；（8）各执行部门、各行业、各地区的 R&D 生产性资本存量表；（9）各执行部门、各行业、各地区的 R&D 资本服务量指数表；（10）R&D 资本化前后国民账户核心指标的变化表。

第四，贡献了大量中国 R&D 资本核算基础数据：包括 156 条平均役龄—效率曲线、156 条平均役龄—价格曲线和 156 条折旧率曲线。资本核算最关键的一点是要获得资产组的平均役龄—效率曲线和平均役龄—价格曲线等基础性资料数据，与已有文献仅对某个役龄—效率曲线的研究相比，本书将正态退役模式、WinfreyS2 退役模式、WinfreyS3 退役模式与双曲效率衰减函数、几何效率衰减函数和线性衰减函数分别组合，计算得到 156 条平均役龄—效率曲线 156 条平均役龄—价格曲线和 156 条折旧率曲线。文中全面且详细分析了不同退役模式、不同效率衰减函数、不同平均服务寿命对于 R&D 资产组平均役龄—效率曲线的影响，比较了不同曲线之间的差异和相同之处。

第五，在一个框架内同时估计了全国、各地区、各执行部门、工业各行业的 R&D 资本。本书在一个估计框架内同时估计全国总量、各地区、工业主要行业和各执行部门的 R&D 资本存量与流量，同时兼顾行业、部门之间结果的协调与平衡，获得的结果也比较稳健可靠。

第三节　完善 R&D 统计与核算制度的建议

从前述内容可知，R&D 资本化核算不仅涉及 R&D 统计制度本身，还涉及价格、进出口、成本费用结构等相关调查制度，这就对目前的科技统计制度以及相关的统计制度提出更新更高的要求，本书认为要从以下几个方面进行改进和完善。

一、细分基础研究，建立国际口径统一的 R&D

SNA 倡导的 R&D 资本化是有条件的资本化，即并非所有的 R&D 都具备国民账户中资本化的条件。国际 R&D 统计标准弗拉斯卡蒂手册中将 R&D 分为三种类型：基础研究、应用研究和试验发展。应用研究和试验发展往往能带来经济收益，故不存在是否可以资本化的争议。主要争议在于基础研究是否能产生经济收益，是否应该资本化。也有学者认为基础研究是技术进步的基石，我国对基础研究领域的支持力度越来越大，一些大型集团公司也越来越注重和资助基础研究。李克强总理在考察中科院物流研究所时指出"一个国家基础科学研究的深度和广度，决定着这个国家原始创新的动力和活力"。大部分学者认为基础研究的成果表现形式主要表现为抽象型的理论状态，在开展时其应用前景并不明确，更不要说能够产生经济收益。况且一项基础研究应用于实际的生产活动可能需要较长的滞后期，即便是产生巨大的经济收益，也与基础研究实施的时间相距甚远，这与 SNA 核算的当期期间不符，因此应将其费用化处理。

为解决基础研究资本化核算的争论，建议按照弗拉斯卡蒂手册的建议，将基础研究进一步分为纯基础研究（pure basic research）和定向基础研究（oriented basic research）。其中，纯基础研究是为了推进知识的发展，不考虑长期的经济利益或社会效益，也不致力于将其成果应用于实际问题或转移到负责应用的部门，如理论数学研究。定向基础研究的目的是期望能创造广泛的知识基础，以解决已知的或预料的当前、未来或可能发生的问题，如华为公司资助的5G 通讯基础研究。

除了上述三类，我国还有相当一大部分是 R&D 成果应用和涉及 R&D 活动的服务。R&D 成果应用是指为了使 R&D 阶段产生的新产品、材料和装置，建立新工艺、系统和服务以及作实质性改进后的上述各项投入能够投入生产或者在实际中运用而进行的系统的活动。其特点一是为了使 R&D 成果用于实际；二是运用已有知识和技术；三是成果形式是为生产或实际使用而设计的或者制定的带有技术、工艺参数规范的图纸、技术标准、操作规范等，比如农业领域的新品种区域试验、工业领域中为扩大新产品的生产规模而进行的工业性试验、仿制技术先进的企业的新产品而进行的设计与试制工作、引进新方法所进行的设计与试制工作、为解决试验发展阶段新产品、新装置、新工艺能投入生产而进行的定型设计与试制工作。严格来讲，这些活动与国际统计标准所界定的 R&D 活动有很大的差异，这些活动是否构成国民账户中资产还需要探讨，因此，需要进一步加强对我国 R&D 统计的口径范围界定，以准确反映 2008 年 SNA 中 R&D 的所有范围，具备国际可比性，又能切实反映我国的实际情况。

二、以全球化的视野增加 R&D 进出口调查

经济的全球化是产生和促进 R&D 全球化的主要原因，全球复杂价值链导致 R&D 的供给分散化和生产碎片化，同时 R&D 本身日益涉及不同国家的机构和人员，也反映出不断扩大的全球化趋势。因此，任何一个单一调查很难涵盖所有所需的全球化数据。R&D 全球化可分为广义和狭义之分，广义的 R&D 全球化是指融资、要素供给、R&D、生产、产品和服务贸易等方面的国际一体化。狭义的 R&D 全球化是全球化活动的一个子集，包括 R&D 的资助、实施、转移和使用。就目前实际情况来看，可以先对狭义的 R&D 全球化展开调查，可从三个方面进行：跨境 R&D 资金流、由跨国公司成员实施的 R&D、R&D 服务国际贸易。

（1）跨境 R&D 资金流。国外企业单位可能是 R&D 资金来源或接受者。跨国公司成员通常在其全球经营和与其他公司及组织的经济往来中涉及跨境资金流。这些资金流反映了为获得 R&D 或提供 R&D 的全球化布局。为了清楚描述与海外非常住单位的 R&D 资金流，应按照与海外单位是否存在隶属关系进行调查。

（2）跨国公司成员实施的 R&D。跨国公司实施的 R&D 活动对于理解新知识的产生和应用具有重要作用。通过跨国公司和非跨国公司企业的 R&D 活动实施/资助统计交叉表，可更加完整展示新知识产生在全球范围的布局。

（3）R&D 服务贸易。在国际贸易统计中，"R&D 服务"涵盖与基础研究、应用研究和试验发展相关的服务，包括自然科学与人文科学的活动。R&D 资本化提出后，在标准产品分类中应该对 R&D 原件和其他 R&D 服务进行区分，

其中后者与 R&D 实施直接相关，前者与以前 R&D 的成果相对应，因此，"已完成"的 R&D 资产的出售和获取在服务统计中被视为 R&D 服务贸易的一部分，但不是 R&D 资助和实施资金的构成，故不应包括在 R&D 资金流中。由于在贸易统计中 R&D 服务还包括测试和其他导致专利的非 R&D 技术活动，这些概念比弗拉斯卡蒂手册的范围广，故应将 R&D 服务细分为"系统性开展工作以增加知识存量"的 R&D 服务和其他服务两种。

三、R&D 费用调查要围绕"总成本"口径

2008 年 SNA 建议自产自用的 R&D 用其总成本估计其产出，因此 R&D 费用调查中总成本的构成是后续资本化核算的关键点之一。我国的 R&D 经费支出即包括用于 R&D 项目（课题）活动的直接支出，如劳务费、原材料费、设备购置费、其他日常支出、外协加工费，也包括间接用于 R&D 活动的管理费、服务费、与 R&D 有关的基本建设支出以及外协加工费等。在具体调查时，对于在财务上单独核算研究开发费或技术开发费的企业，直接抄取相应会计科目当年实际发生额；对于未对研究开发费或技术开发费进行单独核算的企业，则分项目归集整理，即按项目人员劳务费、原材料费、其他费用等支出，再加上未列入项目经费的相关人员工资、管理和服务费用等支出加总取得。由此可见，现有的 R&D 统计工作基础与 2008 年 SNA 要求的总成本还有一定的距离，需要加强总成本范围构成调查指导，推动 R&D 项目在企业会计核算系统中按项目核算，加强会计的项目核算基础，降低归集整理带来的偏误。

四、在价格、成本相关调查制度中增加反映 R&D 价格变化的内容

价格指数是影响 R&D 资本化结果的重要因素，但是异质性和自产自用性这两个特征使得很难编制产出价格指数。因此，目前大多数国家普遍采用的是 R&D 投入价格指数。编制 R&D 投入价格指数需要相应构成的价格变化资料，需要在相应的调查体系中加入对应的内容。一是开展 R&D 人员的薪酬变化调查，应该根据不同类型的 R&D 人员，如按照职业分的研究人员、技术人员和同等人员、其他辅助人员，按照学位资格水平分的本科以下、本科至硕士、硕士以上，按照专业分的工程技术人员、农业科技人员、科学技术人员、卫生技术人员、教学人员及其他人员，按照职称分的高级人员、中级职务人员、处级

职务人员，应该在薪酬工资调查中加入反映这些人员的薪酬变化。二是在价格指数调查中，特别是工业生产者购进价格指数中，针对各行业增加企业开展R&D活动所消耗直接投入的价格变化。三是在固定资产投资价格指数调查中增加科研仪器设备固定资产投资价格调查。

五、增加且细分 R&D 支出构成，注重测度资金流

（一）细化 R&D 日常支出

1. 细分 R&D 人员劳动力成本

劳动力成本是指受雇 R&D 人员的补偿金，包括工资、薪金以及所有相关的税费和福利，为了便于将 R&D 在 SNA 中资本化，建议应当尽量根据 R&D 人员类型（研究人员、技术人员以及其他辅助人员）收集或估算 R&D 人员劳动力成本，并消除税收政策影响。

2. 细化 R&D 日常支出

R&D 其他日常支出是指在年度内，统计单位为实施 R&D 项目而购买的非资产性的材料、物资、设备和服务所支付的费用。

（1）R&D 其他日常支出还包括提供辅助性服务、且未被记录为 R&D 人员的受雇人员①（如保安）的劳动成本，和外部 R&D 人员的劳动成本，也就是未被统计单位雇用但却向实施单位提供不可分割直接服务的劳动成本，如来自外部机构的研究人员和咨询人员。

（2）间接支付的其他日常支出，如由政府支付给研究机构的建筑物、研究设施的租金，这些费用是 R&D 实际成本的重要构成部分，即便是设备免费使用，也应当估计其"使用费"。同样由政府部门拥有的大型研究设施的运转和维护费，应当计入拥有者的 R&D 日常支出中。

（3）以购买者价格估价，即不包括可减免的增值税。实践中企业部门已经单独记录增值税，处理起来比较方便，对于高等教育部门和科研机构，由于大部分含有增值税的支出不可减免，会误以为是 R&D 经费的合理支出部分，因此在剔除增值税时会存在困难。

（二）拓宽资本性支出的口径

在土地和建筑物、仪器和设备、计算机软件的基础上，应将资本性支出的

---

① 此类人员为非 R&D 人员。

口径增加到其他知识产权。其他知识产权产品主要是指购买的专利费用，长期使用许可费或者其他用于 R&D，期限超过一年的无形资产费用。

对于高等院校和政府部门，土地和建筑物、仪器和设备主要用于 R&D 活动，因此作为 R&D 费用的资本性支出是比较容易记录的。但是对于企业部门，很难说企业购置的土地和建筑物、仪器和设备是专属于 R&D 活动的，大多数情况是这些固定资产被用于不止一项活动，甚至 R&D 活动和非 R&D 活动不占支配地位，此时，在原则上应该按照 R&D 活动与其他活动的比例将土地和建筑物、仪器和设备的购置费分摊到 R&D 资本性支出中。同时，为了 R&D 在 SNA 中资本化，建议对仪器和设备进行更加详细的分类，比如单列出信息与通信设备、交通与运输设备等。

对于计算机软件，如果使用期限在一年以内，那么应该记入其他日常支出中，使用期限在一年以上时，记为资本化支出。如果软件是由统计单位内部生产，则费用表现为人工工资、材料费等，由外部购置时表现为使用权或者使用许可费。

（三） 增加 R&D 资金流动的测度指标

在开放式创新的环境下，合作研究共同开发已经成为非常普遍的事情，不同单位和部门之间的 R&D 资金流也越来越大，为了全方位准确描述 R&D 活动，以及满足政府、研究人员等的分析要求，需要追踪不同类别 R&D 资金流的源头和目的地。R&D 资金流的测度，特别是 R&D 交换资金的详细统计，是在 SNA 中准确判别 R&D 资本经济所有权的关键。

鉴于实施单位最清楚资金的使用金额、来源与 R&D 活动所处的状态，故基于实施单位的调查是 R&D 资金流调查的首选途径。本书认为由统计单位出资，其他单位开展（外部 R&D 的实施）的 R&D 资金仅仅涵盖该出资单位的内部资金，[①] 统计单位收到随后过路或者转包给其他单位的外部资金不应计入统计单位的资助资金中。

根据资金拨出单位是否拥有该 R&D 的收益或者权利，可将统计单位之间的 R&D 资金流分为 R&D 转移资金（Transfer funds for R&D，TFRD）和 R&D 交换资金（Exchange funds for R&D，EFRD）。R&D 转移资金是指 R&D 资金从

---

① 《弗拉索卡蒂手册 2015》使用了 R&D 内部支出（Intramural R&D expenditures）和 R&D 内部资金（Internal funds）两个概念，其中 R&D 内部支出是指 R&D 统计单位在一段时间内实施 R&D 的所有日常支出加上资本性支出的总和，从经费来源可分为统计单位内部和统计单位外部两种。R&D 内部资金是指源于 R&D 统计单位管理和控制，且可自由决定用于 R&D 的资金。

一个统计单位流向另一个单位，但是资金拨出单位并不要求任何产品或者服务作为回报，且对于 R&D 成果不要求任何经济所有权。R&D 交换资金是指资助单位为了获得 R&D 的成果回报，而资助另一单位实施 R&D，包括 R&D 购买（从实施单位来看是销售 R&D）和以 R&D 合作协议形式的外包。

六、开展 R&D 资本寿命专项调查

R&D 资本平均服务寿命是影响 R&D 资本核算的重要因素，尽管专利更新法和计量经济学方法已被广泛使用，通常表示资本服务寿命为 10～20 年，但不同行业之间有很大的差异，但是这两种方法都存在严重的不足。研究表明，服务寿命长度与 R&D 项目的困难程度和持续时间有关，近年来 R&D 资本服务寿命长度一直在变化，在一些行业中变得更短。这意味着需要定期采集服务寿命长度数据（至少每隔几年进行一次）。

因此，需要针对重要部门，特别是工业部门，如软件业、生物医药、半导体、监控设备、化工等行业，向 R&D 项目负责人、财务主管、管理专家、风险投资基金代表进行调查，调查内容包含：在 R&D 研发、使用过程中，不同阶段的、不同类型的 R&D 的服务寿命长度（研发滞后、应用滞后和生产用时长度），自行研发自行使用 R&D 的寿命、购买的 R&D 的寿命等。

七、编制 R&D 资本卫星账户

尽管国家统计局于 2016 年 7 月对外公布了全国层面的 R&D 资本化计入 GDP 的数据，但是未见部门、地区及行业的结果。这一方面说明了数据纵向、横向协调一致的难度，也说明了这项工作的难度。R&D 资本核算是国民经济核算中一项重大改革内容，是一项前所未有的工作，其统计基础、核算内容、理论与方法需要不断完善，特别是比较重要且敏感的参数（如收益率、效率衰减率等）需要继续深入研究和完善。因此，建议先开展 R&D 卫星账户编制工作，可选择部分行业、地区试行，待技术、方法都比较成熟后，再进入主体账户体系，这是比较可行的途径。

附录一　资本核算基础数据表

表1　正态线性平均役龄—效率曲线

平均服务寿命	役龄 n											
	0	0.5	1.5	2.5	3.5	4.5	5.5	6.5	7.5	8.5	9.5	10.5
5年	1	0.7839	0.5698	0.3647	0.1892	0.0716	0.0178	0.0027	0.0002	0.0000	0.0000	0.0000
6年	1	0.8199	0.6409	0.4657	0.3025	0.1666	0.0733	0.0244	0.0058	0.0010	0.0001	0.0000
7年	1	0.8456	0.6919	0.5401	0.3939	0.2608	0.1514	0.0743	0.0298	0.0095	0.0023	0.0004
8年	1	0.8649	0.7302	0.5967	0.4661	0.3422	0.2313	0.1406	0.0750	0.0343	0.0132	0.0042

平均服务寿命	役龄 n								
	11.5	12.5	13.5	14.5	15.5	16.5	17.5	18.5	19.5
5年	0.0000	0.0000	0.0000	0.0000	0.0000	0.0000	0.0000	0.0000	0.0000
6年	0.0000	0.0000	0.0000	0.0000	0.0000	0.0000	0.0000	0.0000	0.0000
7年	0.0001	0.0000	0.0000	0.0000	0.0000	0.0000	0.0000	0.0000	0.0000
8年	0.0011	0.0002	0.0000	0.0000	0.0000	0.0000	0.0000	0.0000	0.0000

表2　Winfrey 线性平均役龄—效率曲线

平均服务寿命	Winfrey	役龄 n								
		0	0.5	1.5	2.5	3.5	4.5	5.5	6.5	7.5
5年	S2	1	0.8208	0.6414	0.4627	0.2919	0.1494	0.0563	0.0136	0.0016
	S2	1	0.8139	0.6283	0.4477	0.2859	0.1579	0.0719	0.0249	0.0056
6年	S2	1	0.8331	0.6858	0.5388	0.3940	0.2580	0.1471	0.0692	0.0241
	S2	1	0.8347	0.6797	0.5258	0.3812	0.2521	0.1510	0.0799	0.0354

续表

平均服务寿命	Winfrey	役龄 n								
		0	0.5	1.5	2.5	3.5	4.5	5.5	6.5	7.5
7年	S2	1	0.8685	0.7369	0.6055	0.4747	0.3483	0.2331	0.1380	0.0700
	S2	1	0.8632	0.7265	0.5908	0.4593	0.3383	0.2331	0.1480	0.0852
8年	S2	1	0.8840	0.7679	0.6520	0.5362	0.4220	0.3131	0.2148	0.1337
	S2	1	0.8791	0.7583	0.6383	0.5205	0.4082	0.3058	0.2168	0.1441

平均服务寿命	Winfrey	役龄 n											
		8.5	9.5	10.5	11.5	12.5	13.5	14.5	15.5	16.5	17.5	18.5	19.5
5年	S2	0.0001	0.0000	0.0000	0.0000	0.0000	0.0000	0.0000	0.0000	0.0000	0.0000	0.0000	0.0000
	S2	0.0005	0.0000	0.0000	0.0000	0.0000	0.0000	0.0000	0.0000	0.0000	0.0000	0.0000	0.0000
6年	S2	0.0048	0.0007	0.0000	0.0000	0.0000	0.0000	0.0000	0.0000	0.0000	0.0000	0.0000	0.0000
	S2	0.0120	0.0031	0.0004	0.0000	0.0000	0.0000	0.0000	0.0000	0.0000	0.0000	0.0000	0.0000
7年	S2	0.0292	0.0093	0.0019	0.0002	0.0000	0.0000	0.0000	0.0000	0.0000	0.0000	0.0000	0.0000
	S2	0.0433	0.0186	0.0060	0.0014	0.0001	0.0000	0.0000	0.0000	0.0000	0.0000	0.0000	0.0000
8年	S2	0.0736	0.0347	0.0135	0.0040	0.0008	0.0001	0.0000	0.0000	0.0000	0.0000	0.0000	0.0000
	S2	0.0886	0.0495	0.0245	0.0102	0.0034	0.0008	0.0001	0.0000	0.0000	0.0000	0.0000	0.0000

表3　正态线性平均役龄—价格曲线

平均服务寿命	役龄 n									
	0	0.5	1.5	2.5	3.5	4.5	5.5	6.5	7.5	8.5
5 年	1	0.6550	0.3917	0.2051	0.0883	0.0287	0.0064	0.0009	0.0001	0.0000
6 年	1	0.7016	0.4636	0.2823	0.1537	0.0718	0.0274	0.0081	0.0018	0.0003
7 年	1	0.7365	0.5198	0.3472	0.2158	0.1220	0.0611	0.0263	0.0095	0.0027
8 年	1	0.7636	0.5649	0.4016	0.2716	0.1723	0.1010	0.0537	0.0254	0.0104

平均服务寿命	役龄 n										
	9.5	10.5	11.5	12.5	13.5	14.5	15.5	16.5	17.5	18.5	19.5
5 年	0.0000	0.0000	0.0000	0.0000	0.0000	0.0000	0.0000	0.0000	0.0000	0.0000	0.0000
6 年	0.0000	0.0000	0.0000	0.0000	0.0000	0.0000	0.0000	0.0000	0.0000	0.0000	0.0000
7 年	0.0006	0.0001	0.0000	0.0000	0.0000	0.0000	0.0000	0.0000	0.0000	0.0000	0.0000
8 年	0.0037	0.0011	0.0003	0.0001	0.0000	0.0000	0.0000	0.0000	0.0000	0.0000	0.0000

附录二 R&D 资本卫星账户表 (RDSA)

表 RDSA-1　　各地区 RDGFCF 表

单位：亿元

年份	2001	2002	2003	2004	2005	2006	2007	2008	2009	2010	2011	2012	2013	2014	2015
全国	1225.89	2282.64	2090.50	2405.15	2975.49	3605.11	4482.30	5373.26	6634.80	7937.05	9387.22	12068.77	13422.12	13887.13	14917.60
东部地区	744.37	1777.17	1520.61	1712.80	2138.35	2580.04	3178.79	3902.30	4538.41	5409.44	6361.26	8163.64	9273.98	9431.01	10396.60
中部地区	118.49	163.67	206.65	243.47	310.03	411.81	445.71	631.04	851.63	1041.04	1260.29	1463.71	1720.80	1905.25	2108.33
西部地区	157.84	170.95	216.69	240.10	304.21	375.35	430.06	516.68	791.84	967.13	1213.37	1725.68	1609.21	1713.33	1692.29
东北地区	80.35	107.90	123.23	149.00	186.47	180.08	235.14	278.87	394.30	455.76	545.42	709.13	788.51	807.38	714.53
北京	175.49	274.70	318.00	385.68	482.40	487.18	663.58	662.44	715.32	866.20	1063.39	1156.67	1299.39	1332.72	1433.48
天津	42.96	455.50	111.26	76.78	75.99	133.47	170.22	232.06	216.05	280.45	343.96	457.92	529.09	537.14	529.17
河北	22.03	33.58	39.66	41.76	52.48	59.08	79.59	98.72	128.57	148.94	195.66	238.68	271.13	296.27	330.89
山西	9.49	11.85	13.66	19.08	19.77	42.28	40.09	52.26	78.86	92.96	109.48	129.50	153.55	163.91	130.89
内蒙古	4.04	4.37	5.71	6.22	9.13	16.05	20.70	32.75	47.78	60.86	87.37	101.44	109.78	116.12	123.84
辽宁	57.67	74.22	94.15	116.89	129.57	130.46	213.23	241.80	269.42	353.77	359.73	396.75	482.05	488.93	405.92
吉林	17.22	29.05	32.21	31.60	55.85	65.96	66.11	72.00	105.28	102.83	124.07	146.17	151.72	168.01	151.58
黑龙江	18.07	23.04	38.68	57.70	45.01	44.18	58.02	76.56	98.54	117.53	125.28	145.34	154.74	150.44	157.03
上海	147.02	324.33	299.09	409.83	534.30	589.61	576.72	752.05	671.78	661.91	806.93	897.75	1098.51	1110.06	1123.82
江苏	94.06	253.75	202.94	205.08	252.53	392.91	505.75	603.16	784.51	1019.55	1310.50	1782.02	1674.90	1715.38	2021.78

续表

年份	2001	2002	2003	2004	2005	2006	2007	2008	2009	2010	2011	2012	2013	2014	2015
浙江	36.36	73.89	117.59	135.59	220.42	215.20	259.15	334.55	404.24	521.20	586.37	716.29	1015.83	918.26	1019.71
安徽	17.81	30.87	40.44	38.67	46.62	70.59	75.96	102.72	138.52	184.43	203.27	266.85	332.07	362.10	429.67
福建	20.58	37.72	62.54	68.81	64.55	99.04	105.29	137.12	161.72	195.26	202.64	260.22	359.20	367.06	384.29
江西	7.50	11.06	15.11	18.59	26.55	28.49	40.71	48.77	75.05	83.95	101.38	110.07	136.76	147.02	170.14
山东	59.30	84.27	98.24	125.98	166.45	206.29	272.08	362.15	550.30	668.84	805.73	974.83	1142.76	1251.96	1353.65
河南	23.88	27.27	31.93	37.25	46.18	73.04	83.42	162.16	165.87	203.87	246.09	292.67	333.59	372.40	406.02
湖北	35.60	46.07	52.84	63.30	99.81	107.71	117.65	141.20	217.41	260.79	335.56	393.13	452.31	509.41	581.87
湖南	20.56	28.86	35.26	35.54	46.71	60.46	63.60	94.91	143.69	179.21	220.19	271.47	312.52	350.41	389.74
广东	135.19	225.22	245.53	227.29	264.55	361.96	460.12	633.72	852.20	961.54	1011.29	1339.40	1764.37	1879.61	2179.36
广西	7.41	8.89	11.23	11.38	13.77	21.96	23.45	29.15	49.72	67.82	78.57	91.90	100.03	105.24	102.53
海南	2.39	2.49	1.35	9.87	5.11	3.99	8.37	3.88	6.99	10.61	15.45	16.53	118.80	22.56	20.45
重庆	11.65	15.84	20.99	31.01	38.64	40.82	56.76	80.49	154.95	223.60	325.48	653.47	431.24	414.16	278.49
四川	53.51	60.06	73.05	76.30	88.27	128.70	138.66	153.71	221.20	247.06	292.65	338.28	382.97	424.80	496.90
贵州	4.76	5.15	12.64	9.15	13.53	13.79	12.53	17.32	25.38	29.55	36.26	40.40	43.08	50.97	56.55
云南	22.18	9.18	12.76	13.83	19.30	24.13	29.73	30.40	38.00	46.61	53.43	67.37	77.86	82.44	100.87
西藏	0.19	0.45	0.29	0.27	0.32	0.65	0.60	1.65	1.29	1.31	1.01	1.65	1.94	2.31	3.01
陕西	41.99	50.43	58.37	66.03	84.77	81.55	105.82	116.58	177.48	197.56	229.56	272.88	316.57	352.97	369.74
甘肃	8.31	10.21	13.09	15.05	19.28	25.54	22.91	27.52	36.27	40.88	44.89	56.87	62.99	71.31	76.82
青海	1.09	1.82	2.21	2.74	3.61	4.18	3.79	5.05	7.27	12.39	13.81	10.30	11.21	19.95	11.58
宁夏	0.52	1.99	2.44	2.71	6.24	6.05	6.50	9.23	12.74	11.95	17.43	21.24	20.05	24.30	24.77
新疆	3.00	3.55	3.89	5.53	7.36	11.93	8.62	12.82	19.75	27.53	32.91	69.84	50.44	48.54	46.60

表 RDSA－2　按地区分 R&D 产出价格指数与 R&D 投入价格指数表（1990＝100）

年份	1991	1992	1993	1994	1995	1996	1997	1998	1999	2000	2001	2002	2003
R&D产出指数													
全国	102.87	110.54	152.26	214.54	260.74	259.79	325.39	309.25	288.02	188.68	203.49	240.20	263.62
北京	107.16	117.80	149.53	175.01	197.92	206.50	208.42	202.36	197.18	201.06	199.83	195.94	200.10
天津	107.68	118.82	152.97	178.86	209.78	221.29	224.37	220.00	215.24	223.53	223.96	218.26	223.56
河北	85.53	94.73	120.23	140.80	158.59	165.55	166.93	161.62	157.32	160.40	160.17	156.83	160.62
山西	107.45	122.20	154.80	180.44	202.92	210.22	210.81	202.70	196.69	200.24	199.12	195.45	200.62
内蒙古	106.17	116.41	146.46	170.10	191.44	200.79	203.70	199.21	195.61	200.16	199.06	195.26	200.10
辽宁	106.05	115.24	140.57	167.13	190.73	199.05	202.00	197.18	193.67	197.99	198.17	196.35	202.03
吉林	107.35	118.71	150.54	179.38	202.92	211.49	214.95	209.68	205.21	209.90	209.54	206.15	211.33
黑龙江	108.00	119.12	150.02	175.60	201.00	208.95	213.11	207.96	204.00	208.42	208.59	204.97	210.95
上海	107.63	118.81	150.34	176.08	200.02	209.65	213.74	208.73	203.45	206.59	206.36	202.55	208.79
江苏	107.96	119.45	156.62	184.87	210.21	220.46	222.73	215.81	211.06	217.01	215.38	211.91	215.84
浙江	105.86	118.36	149.85	175.27	197.14	206.24	206.61	199.15	192.92	196.30	196.39	193.78	198.24
安徽	73.21	55.05	70.94	82.05	91.95	95.26	95.52	92.28	89.69	90.82	90.06	88.05	89.99
福建	110.14	123.11	154.70	186.59	208.48	217.45	220.46	216.35	209.92	215.21	214.14	211.25	216.49
江西	107.67	120.02	149.01	172.72	192.65	198.34	198.10	190.37	183.50	184.35	181.70	177.82	179.31
山东	108.49	119.53	152.35	181.28	204.84	213.04	213.58	208.78	203.10	205.99	203.39	200.27	204.95
河南	107.00	119.85	149.96	173.19	194.39	202.34	203.71	196.89	191.13	193.95	192.86	189.10	193.20
湖北	107.12	119.25	149.42	175.93	200.57	211.24	215.10	209.72	203.52	207.05	205.55	201.11	206.11
湖南	108.37	121.91	155.76	181.89	206.91	216.10	219.40	214.28	209.45	213.87	213.12	209.19	215.17
广东	106.32	117.89	149.96	177.57	201.52	209.00	211.25	205.65	201.95	207.12	206.09	203.12	208.18

续表

年份	1991	1992	1993	1994	1995	1996	1997	1998	1999	2000	2001	2002	2003
广　东	105.14	117.30	153.35	182.91	208.22	217.42	218.22	209.74	202.41	204.05	203.32	199.98	204.10
广　西	105.14	117.30	153.35	182.91	208.22	217.42	218.22	209.74	202.41	204.05	203.32	199.98	204.10
海　南	107.16	117.80	149.53	175.01	197.92	206.50	208.42	202.36	197.18	201.06	199.83	195.94	200.10
重　庆	107.12	119.09	153.41	180.44	203.14	212.07	215.20	208.30	202.98	206.93	206.57	203.01	208.74
四　川	107.12	119.09	153.41	180.44	203.14	212.07	215.20	208.30	202.98	206.93	206.57	203.01	208.74
贵　州	106.78	119.00	150.02	176.97	202.38	211.75	214.58	208.91	204.43	209.91	210.27	207.06	212.78
云　南	108.96	122.84	158.70	188.63	214.49	224.63	229.08	224.48	219.33	222.29	220.85	217.05	222.17
西　藏	107.16	117.80	149.53	175.01	197.92	206.50	208.42	202.36	197.18	201.06	199.83	195.94	200.10
陕　西	108.50	122.26	159.50	187.99	214.74	224.29	228.94	221.61	215.30	221.31	222.35	219.80	225.68
甘　肃	108.91	120.04	152.30	179.30	206.40	216.59	220.08	214.30	210.35	214.29	217.39	214.88	219.66
青　海	78.74	85.74	105.93	124.49	141.81	149.46	152.48	149.09	145.75	147.91	147.91	146.98	150.55
宁　夏	108.12	120.45	150.11	173.80	196.64	210.16	211.79	205.41	199.79	204.37	205.57	201.49	206.59
新　疆	108.00	118.78	148.05	176.09	204.76	217.03	220.23	215.41	209.35	211.86	214.30	212.03	216.90

年份	2004	2005	2006	2007	2008	2009	2010	2011	2012	2013	2014	2015
RD 产出指数 全国	267.95	347.17	351.52	347.51	353.60	331.43	353.75	421.58	400.86	378.74	371.86	359.59
北　京	212.99	222.37	230.02	237.91	254.67	241.23	257.48	275.87	274.43	272.78	270.66	261.73
天　津	237.69	249.42	257.82	265.72	285.05	269.34	285.75	305.53	303.82	301.91	299.09	289.55
河　北	171.49	178.64	184.81	190.42	203.40	192.18	205.18	219.13	217.42	215.83	213.97	207.24
山　西	216.06	227.12	235.37	243.29	260.87	246.54	263.51	282.84	281.20	279.23	276.53	266.67
内蒙古	212.08	222.41	229.46	236.98	255.50	241.94	258.25	276.82	274.60	272.22	268.92	258.36

续表

年份	2004	2005	2006	2007	2008	2009	2010	2011	2012	2013	2014	2015
内蒙古	215.99	226.04	233.12	240.51	257.23	243.75	260.80	280.61	279.71	277.69	274.48	263.93
辽宁	226.60	239.64	248.73	257.59	276.68	260.73	280.07	301.61	298.93	295.52	291.92	280.58
吉林	225.84	238.89	249.30	258.61	279.37	263.78	283.29	303.68	301.31	299.26	295.91	285.37
黑龙江	222.76	233.96	242.68	251.82	270.72	256.02	274.20	294.99	293.62	290.88	287.79	277.16
上海	230.45	240.17	247.07	254.56	272.64	258.83	275.60	294.97	293.55	291.81	290.37	281.71
江苏	211.77	220.94	228.27	235.23	251.17	237.27	254.46	272.65	270.68	268.82	267.00	258.34
浙江	96.08	100.28	103.85	107.37	114.78	108.47	115.94	124.20	123.47	122.78	122.01	118.28
安徽	229.64	238.18	246.34	254.83	273.30	257.49	275.53	295.55	293.83	291.76	289.39	280.03
福建	186.70	192.61	197.72	204.10	216.25	204.50	217.02	230.89	229.63	228.33	226.81	220.14
江西	216.91	225.65	232.90	240.55	256.02	241.17	257.65	276.32	274.30	272.04	269.60	260.26
山东	205.35	214.29	220.97	228.13	243.71	230.42	246.67	264.72	262.53	260.18	257.53	248.02
河南	221.40	231.51	239.48	248.18	266.63	252.79	270.00	289.96	288.21	286.56	283.84	273.88
湖北	230.94	242.59	252.37	261.93	281.58	266.81	285.64	306.60	305.04	302.75	299.60	288.85
湖南	221.06	232.04	239.82	249.30	269.22	255.19	273.61	294.19	292.01	290.03	287.39	277.52
广东	216.99	226.66	233.97	242.57	259.53	245.13	261.56	279.93	278.66	277.02	275.44	267.03
广西	216.99	226.66	233.97	242.57	259.53	245.13	261.56	279.93	278.66	277.02	275.44	267.03
海南	212.99	222.37	230.02	237.91	254.67	241.23	257.48	275.87	274.43	272.78	270.66	261.73
重庆	223.66	234.09	243.48	253.84	275.35	262.45	278.96	299.00	297.71	295.95	293.22	282.50
四川	223.66	234.09	243.48	253.84	275.35	262.45	278.96	299.00	297.71	295.95	293.22	282.50
贵州	227.38	236.61	244.40	253.70	273.86	258.25	277.09	298.08	296.17	294.21	292.08	283.10
云南	239.20	251.92	261.48	271.00	290.47	276.43	294.43	314.66	312.75	310.76	308.05	297.94

续表

年　份	2004	2005	2006	2007	2008	2009	2010	2011	2012	2013	2014	2015
西藏	212.99	222.37	230.02	237.91	254.67	241.23	257.48	275.87	274.43	272.78	270.66	261.73
陕西	240.44	255.36	265.55	275.82	297.95	282.76	302.76	324.36	322.38	320.18	316.59	303.95
甘肃	234.03	245.34	256.64	267.01	289.63	277.95	297.75	318.13	316.95	314.59	311.90	300.57
青海	159.35	166.42	172.66	180.36	194.48	187.76	201.51	216.57	215.14	213.51	212.07	206.14
宁夏	218.60	227.66	236.31	242.88	259.61	247.20	263.20	281.79	280.21	279.08	276.78	268.11
新疆	231.57	243.89	252.39	262.01	283.68	270.61	289.65	309.95	308.27	306.74	303.66	292.30

注：除第一行为产出价格指数外，其余为投入价格指数。

表 RDSA - 3　**R&D 产出价格指数与 R&D 投入价格指数表**（1990＝100）

单位：亿元

年份	人员劳务费价格指数	原材料燃料购进价格指数	工器具设备购置价格指数	建筑安装工程价格指数	R&D 投入缩减价格指数
1990	100	100	100	100	100
1991	112.60	109.10	106.10	109.70	109.15
1992	118.50	121.10	116.07	128.13	119.74
1993	124.80	163.61	138.48	168.23	150.20
1994	135.40	193.38	151.63	185.73	171.72
1995	164.78	222.97	161.18	194.46	195.73
1996	136.40	231.67	163.76	204.38	195.57
1997	141.31	234.68	160.65	210.30	198.27
1998	137.40	224.82	156.63	211.36	190.76
1999	145.92	217.40	152.72	211.99	187.48
2000	138.40	228.49	148.75	217.08	187.32
2001	154.20	228.03	144.29	220.12	189.19
2002	139.40	222.79	139.96	222.32	183.65
2003	156.69	233.48	135.80	231.70	192.67
2004	140.40	260.10	135.03	250.79	199.63
2005	164.41	281.69	134.22	255.31	219.04
2006	141.40	298.59	135.16	258.62	221.41
2007	171.80	311.73	135.43	271.81	234.69
2008	142.40	344.46	136.17	306.96	245.30
2009	162.62	317.25	132.90	295.60	254.63
2010	143.40	347.64	133.25	310.18	269.98
2011	181.88	379.27	134.69	338.59	298.12
2012	144.40	372.28	133.21	344.07	284.08
2013	189.45	364.80	131.87	345.14	289.88
2014	145.40	356.77	131.48	347.21	272.53

表 RDSA－4　正态退役模式下的 R&D 资本服务指数

年份		2001	2002	2003	2004	2005	2006	2007	2008
双曲	拉氏	1.1157	1.0858	1.0844	1.0537	1.0654	1.0841	1.0956	1.0946
	派氏	1.1153	1.0854	1.0839	1.0530	1.0650	1.0839	1.0956	1.0945
	费希尔	1.1155	1.0856	1.0842	1.0533	1.0652	1.0840	1.0956	1.0945
几何	拉氏	1.0815	1.0760	1.0835	1.0528	1.0741	1.0959	1.1045	1.0952
	派氏	1.0810	1.0754	1.0829	1.0520	1.0736	1.0957	1.1044	1.0951
	费希尔	1.0813	1.0757	1.0832	1.0524	1.0738	1.0958	1.1045	1.0951
线性	拉氏	1.0581	1.0542	1.0706	1.0426	1.0717	1.1004	1.1116	1.1004
	派氏	1.0575	1.0534	1.0699	1.0419	1.0714	1.1002	1.1116	1.1004
	费希尔	1.0578	1.0538	1.0702	1.0423	1.0715	1.1003	1.1116	1.1004

年份		2009	2010	2011	2012	2013	2014	2015
双曲	拉氏	1.0905	1.0982	1.1065	1.1246	1.1338	1.1138	1.1010
	派氏	1.0903	1.0977	1.1061	1.1245	1.1337	1.1137	1.1009
	费希尔	1.0904	1.0980	1.1063	1.1246	1.1338	1.1138	1.1009
几何	拉氏	1.0873	1.0974	1.1081	1.1325	1.1397	1.1102	1.0959
	派氏	1.0869	1.0966	1.1077	1.1325	1.1397	1.1101	1.0956
	费希尔	1.0871	1.0970	1.1079	1.1325	1.1397	1.1101	1.0957
线性	拉氏	1.0892	1.0977	1.1076	1.1343	1.1430	1.1101	1.0933
	派氏	1.0887	1.0967	1.1072	1.1342	1.1430	1.1100	1.0931
	费希尔	1.0889	1.0972	1.1074	1.1343	1.1430	1.1100	1.0932

注：政府部门寿命 5 年，企业 8 年。

表 RDSA－5　WinfreyS2 退役模式下的 R&D 资本服务指数

年份		2001	2002	2003	2004	2005	2006	2007	2008
双曲	拉氏	1.1356	1.1056	1.1006	1.0665	1.0716	1.0841	1.0918	1.0901
	派氏	1.1353	1.1053	1.1002	1.0660	1.0712	1.0839	1.0918	1.0900
	费希尔	1.1354	1.1055	1.1004	1.0662	1.0714	1.0840	1.0918	1.0901
几何	拉氏	1.0893	1.0847	1.0917	1.0602	1.0784	1.0969	1.1034	1.0936
	派氏	1.0888	1.0842	1.0912	1.0596	1.0780	1.0967	1.1034	1.0935
	费希尔	1.0891	1.0844	1.0915	1.0599	1.0782	1.0968	1.1034	1.0936
线性	拉氏	1.0753	1.0663	1.0780	1.0486	1.0717	1.0963	1.1067	1.0978
	派氏	1.0748	1.0657	1.0774	1.0480	1.0714	1.0961	1.1066	1.0978
	费希尔	1.0750	1.0660	1.0777	1.0483	1.0716	1.0962	1.1067	1.0978

年份		2009	2010	2011	2012	2013	2014	2015
双曲	拉氏	1.0869	1.0955	1.1049	1.1228	1.1320	1.1138	1.1019
	派氏	1.0867	1.0950	1.1046	1.1227	1.1319	1.1137	1.1017
	费希尔	1.0868	1.0952	1.1047	1.1227	1.1319	1.1137	1.1018
几何	拉氏	1.0858	1.0956	1.1067	1.1311	1.1386	1.1104	1.0965
	派氏	1.0854	1.0949	1.1063	1.1310	1.1386	1.1103	1.0963
	费希尔	1.0856	1.0952	1.1065	1.1310	1.1386	1.1103	1.0964
线性	拉氏	1.0886	1.0972	1.1070	1.1316	1.1404	1.1110	1.0954
	派氏	1.0882	1.0963	1.1067	1.1315	1.1404	1.1109	1.0952
	费希尔	1.0884	1.0967	1.1068	1.1316	1.1404	1.1110	1.0953

注：政府部门寿命 5 年，企业 8 年。

表 RDSA - 6   WinfreyS3 退役模式下的 R&D 资本服务指数

年份		2001	2002	2003	2004	2005	2006	2007	2008
双曲	拉氏	1.1314	1.1042	1.1024	1.0701	1.0763	1.0883	1.0947	1.0913
	派氏	1.1311	1.1038	1.1020	1.0696	1.0759	1.0881	1.0946	1.0913
	费希尔	1.1313	1.1040	1.1022	1.0698	1.0761	1.0882	1.0946	1.0913
几何	拉氏	1.0857	1.0817	1.0902	1.0598	1.0795	1.0988	1.1052	1.0948
	派氏	1.0853	1.0812	1.0897	1.0592	1.0791	1.0985	1.1051	1.0947
	费希尔	1.0855	1.0815	1.0899	1.0595	1.0793	1.0987	1.1051	1.0948
线性	拉氏	1.075	1.068	1.081	1.051	1.074	1.098	1.107	1.098
	派氏	1.074	1.067	1.080	1.051	1.074	1.098	1.107	1.098
	费希尔	1.0745	1.0675	1.0802	1.0509	1.0741	1.0979	1.1073	1.0975

年份		2009	2010	2011	2012	2013	2014	2015
双曲	拉氏	1.0867	1.0943	1.1034	1.1218	1.1317	1.1139	1.1020
	派氏	1.0865	1.0938	1.1030	1.1216	1.1316	1.1138	1.1018
	费希尔	1.0866	1.0940	1.1032	1.1217	1.1316	1.1138	1.1019
几何	拉氏	1.0864	1.0958	1.1064	1.1307	1.1385	1.1103	1.0965
	派氏	1.0860	1.0950	1.1060	1.1307	1.1384	1.1102	1.0963
	费希尔	1.0862	1.0954	1.1062	1.1307	1.1384	1.1102	1.0964
线性	拉氏	1.088	1.096	1.106	1.131	1.140	1.111	1.095
	派氏	1.087	1.095	1.106	1.131	1.140	1.111	1.095
	费希尔	1.0876	1.0959	1.1063	1.1314	1.1404	1.1108	1.0951

注：政府部门寿命 5 年，企业 8 年。

附录三　资本测度算法

R&D 资本数据计算涉及多个参数，不同的研究人员往往根据一种参数来源（如采用固定折旧率的几何折旧模式），在某种偏好下进行测算，本书基于资本核算理论，开发了可选择模糊偏好参数的计算方法。

1. 基础数据预处理

```
import pandas as pd
import numpy as np
data = pd. read_ excel ('C：/Users/admin/Desktop/zfc. xlsx', header = None)
data. head ()
#按地区计算
feature = ['北京', '天津', '上海', '江苏', '浙江', '安徽', '福建', '江西', '湖南', '山东', '河南', '内蒙古', '湖北', '宁夏', '新疆', '广东', '西藏', '海南', '广西', '四川', '河北', '贵州', '山西', '云南', '辽宁', '陕西', '吉林', '甘肃', '黑龙江', '青海']
data1 = data [data [0] == 1]
result = pd. DataFrame (columns = [1, 0, 2], index = feature)
for i in range (8, 10)：
for fe in feature：
sample = data1 [data1 [1] == fe]
result = result. append (sample [i]. value_ counts (). fillna (value =0))
result = result. replace (np. nan, 0)
result
result. to_ csv ('test. csv')
#执行部门
zfc_ data1 = zfc_ data [zfc_ data [0] == 1]
cons = pd. DataFrame ()
feature = ['高等院校', '科研机构', '企业部门', '海外部门']
for pe in feature：
sample = zfc_ data1 [zfc_ data1 [1] == pe]
cons = cons. append (sample [sample < 0]. count (), ignore_ index = True)
cons
```

2. 资本计算

```
import pandas as pd
from pandas import Data Frame
import numpy as np
data1 = pd. read_ csv ('shebei hn. csv')
data2 = pd. read_ csv ('110. csv')
data3 = pd. read_ csv ('40. csv')
hn = data1 ['h (n)']
hn1 = data2 ['h (n)']
hn2 = data3 ['h (n)']
hn2
#40 年的建筑
construct = pd. read_ csv ('C: /Users/admin/Desktop/gao/construct. csv',
header = None)
construct_ rate = pd. read_ csv ('C: /Users/admin/Desktop/gao/construct
_ rate. csv', header = None)
    def county2 (i, r, n, s):    #i 为投资增长率，r 为投资收益率，n 为时期
参数，s 为资产最大寿命
    fenmu = 1
    fenzi = 0
    for t in range (1, s + 1 − n):
    fenmu + = hn2 [t] * ( (1 + i) * * (t)) * ( (1 + r) * * (−t))
            F = range (n, s + 1)
        K = range (s + 1 − n)
    for x, y in zip (F, K):
    fenzi + = hn2 [x] * ( (1 + i) * *y) * ( (1 + r) * * −y)
    return fenzi/fenmu
#φ (n) 建筑表格
rate40_ result = {}
for p in range (1, 10):
for i in range (1, 41):
        rate40_ result. setdefault (p, []) . append (county2 (construct_
rate [0] [p], 0. 157, i, 40))
```

```
rate40_ results = pd. DataFrame (rate40_ result)
rate40_ results = rate40_ results. sort_ index (ascending = False)
rate40_ results. index = range (40)
rate40_ results
#Wtb 计算
def count_ wtb (n, index):
    s = 0
for i in range (n):
            s += rate40_ results [index] [i + (40 - n)] * construct [index] [i]
    return s
wtbc40 = {}
for wtbc_ index in range (1, 10):
for i in range (41):
wtbc40. setdefault (wtbc_ index, []) . append (count_ wtb (i, wtbc_ index))
wtbc40 = pd. DataFrame (wtbc40)
wtbc40. to_ csv ("C: /Users/admin/Desktop/gao/jianzhu. csv")
#Wte 输出计算结果
result_ 1_ line = []
def count_ wtb_ l_ line (index):
st = 0
for i in range (40):
st += rate40_ results [index] [i] * construct [index] [i + 1]
    return st
for wtec_ index in range (1, 10):
    result_ 1_ line. append (count_ wtb_ l_ line (wtec_ index))
pd. DataFrame (result_ 1_ line)
if _ _ name_ _ == '_ _ main_ _':
for i in range (2013, 2017):
            data0 = pd. read_ excel ("F: /资本核算/数据/" + str (i)
+" _ data. xlsx", encoding = 'utf8')
data = data0. iloc [:, 1: 23]
```

```python
    data_ Norm = pd. DataFrame (autoNorm (data))
    data_ Norm ['地区'] = data0 ['地区']
            #print (data_ Norm)
    data_ Norm. to_ excel ('F: /数据/' + str (i) +'_ data_ autoNorm. xlsx',
header = True, index = False)
    mm = data
    # - * - encoding = utf - 8 - * -
    import pandas as pd
    import numpy as np
    import warnings
    warnings. filterwarnings ("ignore")
```

参 考 文 献

[1] 曾五一，王开科．美国 GDP 核算最新调整的主要内容、影响及其启示 [J]．统计研究，2014 (3)．

[2] 何平，陈丹丹．R&D 支出资本化可行性研究 [J]．统计研究，2014 (3)．

[3] 蒋萍，刘丹丹，王勇．SNA 研究的最新进展：中心框架、卫星账户和扩展研究 [J]．统计研究，2013 (3)．

[4] 联合国等．国民账户体系 2008 [M]北京：中国统计出版社，2012．

[5] 刘伟．2008 年 SNA 对非金融资产的修订及影响分析 [J]．统计研究，2010，(11)．

[6] 倪洪福，张士运，谢慧颖．资本化 R&D 支出及其对 GDP 和经济增长的影响分析 [J]．统计研究，2014 (3)．

[7] 王俊．我国制造业 R&D 资本存量的测算（1998－2005）[J]．统计研究，2009 (4)．

[8] 王康．我国分省 R&D 资本存量的估算 [J]．无锡商业职业技术学院学报，2011 (4)．

[9] 王孟欣．R&D 资本存量的测算及其对经济增长的影响研究 [J]．中国人民大学博士论文，2009 (12)．

[10] 王孟欣．美国 R&D 资本存量测算及对我国的启示 [J]．统计研究，2011 (6)．

[11] 王孟欣．我国区域 R&D 资本存量的测算 [J]．江苏大学学报（社会科学版），2011 (1)．

[12] 魏和清．关于知识测度理论与方法的思考 [J]．当代财经，2005 (7)．

[13] 魏和清．2008 年 SNA 关于 R&D 核算变革带来的影响及面临的问题 [J]．统计研究，2012 (11)．

[14] 魏和清．从美国国民账户的调整看研发资本化对宏观经济变量的影响 [J]．当代财经，2014 (10)．

[15] 吴延兵．中国工业 R&D 产出弹性测算（1993－2002）[J]．经济学

（季刊），2008（3）.

    ［16］席玮，徐军. 省际研发资本服务估算：1998 – 2012［J］. 当代财经，2014，（12）.

    ［17］徐杰，段万春，杨建龙. 中国资本存量的重估［J］. 统计研究，2010（12）.

    ［18］朱发仓，苏为华. R&D 资本化计入 GDP 研究［J］. 科学学研究，2016（10）.

    ［19］朱发仓. R&D 调查实施标准的修订与启示［J］，调研世界，2016（8）.

    ［20］朱发仓. 工业 R&D 价格指数估计研究［J］. 商业经济与管理，2014（1）.

    ［21］朱发仓主译. 知识产权产品测度手册［M］. 北京：科学技术文献出版社，2016：12.

    ［22］朱平芳，徐伟民. 政府的科技激励政策对大中型工业企业 R&D 投入及其专利产出的影响——上海市的实证研究［J］. 经济研究，2003（6）.

    ［23］"SNA 的修订与中国国民经济核算体系改革"课题组. SNA 的修订及对中国国民经济核算体系改革的启示［J］. 统计研究，2012（6）.

    ［24］Adam M. Copeland and Dennis Fixler, Measuring the Price of Research and Development Output. Bureau of Economic Analysis March 2011.

    ［25］Adam M. Copeland, Gabriel W. Medeiros and Carol A. Robbins, Estimating Prices for R&D Investment in the 2007 R&D Satellite Account. Bureau of Economic Analysis/National Science Foundation 2007 R&D Satellite Account Background Paper, 2007.

    ［26］Baruch Lev and Theodore Sougiannis, The capitalization, amortization, and value-relevance of R&D. Journal of Accounting and Economics 21 (1996), pp. 107 – 138.

    ［27］Barbara M. Fraumeni and Sumive Okubo, R&D in the National Income and Product Accounts A First Look at Its Effect on GDP. National Bureau of Economic Research, 2005.

    ［28］Bernadette Biatour, Estimation of inter-industry domestic and international R&D stocks for Belgium. Federal Planning Bureau Working Paper, 10 – 11, 2011.

    ［29］Brian K. Sliker, 2007 R&D Satellite Account Methodologies：R&D Capital Stocks and Net Rates of Return. Bureau of Economic Analysis/National Science Foundation R&D Satellite Account Background Paper, 2007.

[30] Bronwyn H. Hall, Measuring the Returns to R&D: the Depreciation Problem. NBER Working Paper, No. 13473, 2007.

[31] Bronwyn H. Hall, R&D Productivity, and Market Value. The Institute for Fiscal Studies, WP06/23 2006.

[32] Bronwyn H. Hall Jacques Mairesse and Pierre Mohnen, Measuring the Returns to R&D. NBER Working Paper, No. 15622, 2009.

[33] Charles Ian Mead, R&D Depreciation Rates in the 2007 R&D Satellite Account. Bureau of Economic Analysis/National Science Foundation 2007 R&D Satellite Account Background Paper, 2007.

[34] Carol Corrado, Peter Goodridge and Jonathan Haskel, Constructing a Price Deflator for R&D: Calculating the Price of Knowledge Investments as a Residual. Discussion paper 2011/07, London Business School, 2011.

[35] Daniel R Yorgason. Treatment of International Research and Development as Investment, Issues and Estimates [R]. BEA/NSF R&D Satellite Account Background Paper, Washington, DC: Bureau of Economic Analysis, 2007.

[36] Dennis Fixler., Accounting for R&D in the National Accounts. ASSA meetings in San Francisco, January 24, 2009.

[37] Edwin Mansfiel, Price Indexes for R&D Inputs, 1969 – 1983. Management Science, Vol. 33, No. 1, Jan. 1987, pp. 124 – 129.

[38] Edwin Mansfield, Anthony Romeo and Lorne Switzer, R&D Price Indexes and Real R&D Expenditures in the United States. Research Policy 12 (1983), pp. 105 – 112.

[39] Enzo Baglieri, Vittorio Chiesa, Alberto Grando and Raffaella Manzini, Evaluating Intangible Assets: the Measurement of R&D Performance. Research Division Working Paper, No. 01/49, 2001.

[40] European Union. The European System of National and Regional Accounts in the European Union [EB/OL]. http://eur-lex. europa. euLexUriServ. do? uri = OJ: L: 2013: 174: 0001: 0727: EN: PDF.

[41] Eurostat. Final Report Second Task Force on the Capitalisation of Research and Development in National Accounts [DB/OL]. http://unstats. un. org/unsd/nationalaccount/aeg/2013/M8b – 11. pdf.

[42] Fernando Galindo-Rueda. Developing an R&D Satellite Account for the UK: A preliminary Analysis [J]. Economic & Labour Market Review, 2007, 1 (12): 18 – 29.

[43] G. Andrew Bernat and JR. , Treatment of Regional Research and Development as Investment Issues and Estimates. Bureau of Economic Analysis/National Science Foundation 2007 R&D Satellite Account Background Paper, 2007.

[44] Gavin Cameron, On the Measurement of real R&D-Divisia Price Indices for UK Business Enterprise R&D. Research Evaluation, vol. 6, no. 3, December 1996, pp. 215 – 219.

[45] Greoge Messinis, R&D Price Inflation, Real BERD and Innovation: Pharmaceuticals, OECD 1980 – 2000. Pharmaceutical Industry Project Working Paper, No. 18, 2004.

[46] Guenter Lang, Measuring the returns of R&D – An empirical Study of the German Manufacturing Sector over 45 Years. Research Policy 38 (2009), 1438 – 1445.

[47] Helen S. Milton, Cost-of-Research Index, 1920 – 1970. Operations Research, Vol. 20, No. 1, Jan. -feb. 1972.

[48] James Bessen, Estimates of Patent Rents from Firm Market Value. Research Policy 38 (2009), pp. 1604 – 1616.

[49] Jeffrey I, Bernstein and Theofanis P, Mamuneas, Depreciation Estimation, R&D Stock, and North American Manufacturing Productive Growth. Annals of Economics and Statistics, July/December 2005, pp. 383 – 404.

[50] Jeffrey I, Bernstein and Theofanis P. Mamuneas, R&D Depreciation, Stocks, User Costs and Productivity Growth for US R&D Intensive Industries. Structural Change and Economic Dynamics 17 (2006), pp. 70 – 98.

[51] James J. Heckmen, Contributions of Zvi Griliches. IZA Discussion Paper, No. 2184, June 2006.

[52] John E. Jankowski and JR. , Do We Need A Price Index for Industrial R&D? Research Policy 22 (1993), pp. 195 – 205.

[53] Jurgen Bitzer, Measuring Knowledge Stocks: A Process of Creative Destruction. YKLOS, Vol. 58, No. 3, 2005, pp. 379 – 393.

[54] Kenan Patrick Jarboe and Athena Alliance, Measuring Intangibles: A Summary of Recent Activity. ASTRA Working Paper, No. 02, 2007.

［55］ Klaus Brockhoff, Price Indexes to Calculate Real R&D Expenditures. Management Science, Vol. 34, No. 1, Jan. 1988, pp. 131 – 134.

［56］ Lisa Mataloni and Carol E. Moylan, 2007 R&D Satellite Account Methodologies: Currentdollar GDP Estimates. Bureau of Economic Analysis/National Science Foundation R&D Satellite Account Background Paper, 2007.

［57］ Leo Sveikauskas, R&D and Productivity Growth: A Review of the Literature. BLS Working Paper, No. 408, 2007.

［58］ M. Ishaq Nadiri and Ingmar R. Prucha, Estimation of Depreciation Rate of Physical and R&D in the U. S. Total Manufacturing Sector. Economic Inquiry, Vol. XXXIV, January 1996, pp. 43 – 56.

［59］ Myriam van Rooijen-Horsten, Murat Tanriseven, Mark de Haan. R&D Satellite Accounts in the Netherlands ［EB/OL］ www. cbs. nl. 2015 – 10 – 12.

［60］ Nadim Ahmad. The Treatment of Originals and Copies in the National Accounts, Canberra II Issues Paper ［EB/OL］. www. UNSD. gov.

［61］ Nilse. Joachim Hoegh-Krohn and Kjell Henry Kniysffa, Accounting for Intangible Assets in Scandinavia, the UK, the US, and by the IASC: Chanllenges and a Solution. The International Journal of Accounting, Vol. 35, No, 2, 2000, pp. 243 – 265.

［62］ Ning Huang, Erwin Diewert. Estimation of R&D depreciation rates: a suggested methodology and preliminary application ［J］. Canadian Journal of Economics, 2011, 44 (2): 387 – 412. ［54］. Philipp G. Sandner and Joern Block, The Market Value of R&D, Patents, and Trademarks. Research Policy 40 (2011), pp. 969 – 985.

［63］ Ning Huang and Erwin Diewert, Estimation of R&D Depreciation Rates: A Suggested Methodology and Preliminary Application. Canadian Journal of Economics, Vol. 44, No. 2, May 2011, pp. 387 – 412.

［64］ OECD. Measuring Capital OECD Manual, second edition. www. oecd. org/publishing.

［65］ Robert J. Hill, Superlative Index Numbers: Not All of Them are Super. Journal of Econometrics 130 (2006), pp. 25 – 43.

［66］ Shouzhen Zeng, Daniel Palacios-MaRques, Facang Zhu. A New Model For Interactive Group Decision Making With Intuitionistic Fuzzy Preference Relations ［J］. Informatica, 2016 (27): 911 – 928.

[67] Sidney A. Jaffe, A Price Index for Deflation of Academic R&D Expenditures. NSF 72 – 310, 1972.

[68] Statistics Canada. The Canadian Research and Development Satellite Account 1997 to 2004 [R]. Ottawa, Canada: Statistics Canada Catalogue no. 13 – 604 – M no. 56.

[69] Statistics Finland. Report on Developing a Satellite Account for Research and Development in Finland [R]. http://tilastokeskus.fi/tup/kantilinpito/final_report.pdf. 2009 – 06 – 30.

[70] Sumive Okubo, Carol A. Robbins, Carol E. Moylan, Brian K. Sliker, Laura I. Schultz and Lisa S. Matalon, R&D Satellite Account: Preliminary Estimates. Bureau of Economic Analysis/National Science Foundation R&D Satellite Account Background Paper, 2006.

[71] Tarak Shah and Anshu Khedkar, Measuring Intangible Assets - Indian Experience. Indian Institute of Planning and Management, 2006.

[72] United Nations. The System of National Accounts 1993 [DB/OL]. http://unstats.un.org/unsd/nationalaccount/sna1993.asp, 1994/October 2015.

[73] W. Erwin Diewert, Ning Huang, Capitalizing R&D Expenditures. Discussion Paper 08 – 04, Department of Economics, University of British Columbia, 2007.

[74] Xi Wei. Measuring the Capital Services of R&D in China [J]. Canadian Social Science, 2014, 10 (2): 37 – 43.

[75] Yusuf Kocoglu and Jacques Mairesse, An Exercise in the Measurement of R&D Capital and its Contribution to Growth: Comparison between France and United-States and with ICT. International Association for Research in Income and Wealth 28 th Conference, August 2004.

[76] Zhu facang. E-commerce, ICT, R&D And Firm's Productivity [J]. Kunstst, 2016, 12 (69): 2022 – 2027.

[77] Zhu facang. R&D, Capitalization and the Effects on GDP: An Empirical From Zhejiang [J]. Gummi, 2016, 12 (69): 2044 – 2050.

[78] Zvi Griliches, R&D and Productivity: the Econometric Evidence. Chicago: University of Chicago Press, 1998, pp. 1 – 14.

[79] 8th Meeting of the Advisory Expert Group on National Accounts, 29 – 31 May 2013, Luxembourg.

后　记

本书是国家社科基金项目（批准号为：15BTJ004）的最终研究成果。

笔者接触 R&D 统计源于一段工作经历。2007 年笔者受委派到浙江省科技厅综合计划处（现在称为计划财务处）挂职，其中一个事项就是协助管理科技统计。我国的统计体系是由统计局牵头，与部门统计相结合，因此科研机构的统计工作就落在了科技部门。布置统计工作任务、催促报表的前提是要弄明白报表，但是刚接触这项工作时却发现自己对于 R&D 的判定并不清楚，也不明白为什么分成三类以及各是什么含义。于是拿着《弗拉斯卡蒂手册（第6版）》，开始了对 R&D 的研究。其间的另一件事情对我的触动很大，即科技项目执行单位该怎么对项目进行会计核算。凭借研究生期间学习的基础，学习了《企业会计准则（2006）》，参与起草了企业科技项目会计核算指导性意见。之后在随着各领域的技术专家检查企业项目执行情况时，接触到了各行各业的研发活动，这样，我对 R&D 有了更加深入的了解。

R&D 强度是各种经济形势报告和年终总结的主要指标，引发的一个问题是 R&D 相当于 GDP 的比重，为什么是相当于？为什么不是占比？一直以来，在国民经济核算中企业的 R&D 是作为中间消耗，从生产法 GDP 来看：增加值 = 总产出减去中间消耗。当年的 R&D 投入越多，理论上被减去的越多，GDP 越小，怎么能说明科学技术是第一生产力呢？这就是我开始研究 R&D 资本化核算的起源。然而这并不是一个简单的事情，首先涉及资本化的边界、范围和条件等基本问题，然后是资本化的方法技术、测度指标体系、价格指数、数据来源等问题。我的相关研究成果陆续发表，特别是 2015 年受国家科技部创新发展司委托，将 OECD 的 "*Handbook on Deriving Capital Measures of Intellectual Property Products*" 译成中文并在国内发行，撰写的研究报告也获得科技部王志刚部长的肯定性批示。2016～2017 年我在美国访学期间，与同行专家进行了深入交流，针对 R&D 资本化的测度问题进行了系统研究，并完成了国家社科基金项目。

回顾我的经历和研究过程，要衷心感谢许多人，由衷感谢浙江省科技厅的领导们，特别是周伟强副厅长、赵新龙处长、吴正光处长、叶杭玲副处长、夏昶琪副处长和吕品义副处长在此过程中给予我的指导，特别感谢施东财副处长、浙江师范大学刘勇副处长、宁波大学战洪飞副处长给予的帮助和启发。感谢中国科技战略发展研究院科技统计与分析研究所宋卫国研究员、玄兆辉研究员的信任和指导。感谢浙江省科技信息研究院刘君副院长、刘信所长和姚笑秋的帮助。感谢统计学院的同仁们给予的帮助。研究生魏晓青、丁美香、王园园和杨明珠收集了大量的数据，郝敏和高慧洁参与了本书的校对工作，在此一并表示感谢。

本项目的完成和本书的顺利出版，得益于国家社会科学基金和浙江省一流学科 A 类（浙江工商大学统计学）的资助，在此深表感谢。

本书汲取和引用了国内外众多专家、学者和研究机构的研究成果，在此深表感谢。书中若有不当或错误之处，责任由我个人承担。

感谢妻子长期以来对我学术工作的理解和为家庭的默默付出。最后，谨以此书献给我的家人！

朱发仓

2018 年 12 月于杭州